AF542482

CAPITVLAIRE

AVQVEL EST TRAICTÉ QV'VN HOMME NAY SANS TESTICVLES APPArens, & qui ha neantmoins toutes les autres marques de virilité: est capable des œuures du mariage.

PAR

SEBASTIAN ROVLLIARD de Melun, Aduocat en Parlement.

Derniere edition reueuë & augmẽtee de quelques autres Opuscules du mesme autheur.

A PARIS,

Chez CLAVDE MOREL, ruë sainct Iacques, à la Fontaine.

CIↃ IↃ CIII.

CARTVLAIRE

Recueil des principaux chefs du procès de [illegible]

Appellant

[illegible]

CAPITVLAIRE

OV

Recueil des principaux chefs du procés d'entre le S. B. D. &c. Appellant,

Et Dame M. D. L. C. ſa femme, pourſuyuant la diſſolution de leur mariage, Intimee.

I le Philoſophe Socrates, & apres luy par interualle de temps Antonius Iulianus celebre orateur Romain, ayans à diſcourir ſur le ſubiect des myſteres d'amour, au parauant ſe voilerent la face, pour demonſtrer la honte ſecrette qui nous ſaiſit, quand il est question de descouurir la pudeur de nature.

L'appellant issu d'vne illustre maison, & comme nourry aux bonnes mœurs, craignant d'offenser sur vn traicté peu chaste vos plus chastes oreilles, desireroit volontiers de pouuoir pratiquer ce trait en vostre endroit *vel dano causæ potius quàm verecundiæ*, cõme disoit Seneque: N'estoit que sa femme oubliãt tout le respect à luy deu, & reiettant arriere ce qui doit tousiours luire sur le front de son sexe, le force & cõtraint, à leur honte commune, de reueler ce vergongneux secret du mariage, *quod recte factum sic appetit sciri, vt tamen erubescat videri*.

Pour ceste cause il vous supplie de considerer auant tout œuure l'importance de la charge qui vous est commise par le S. siege Apostolique, en la place duquel vous auez à iuger, à fin que selõ l'aduis du Sage, *fidelis vestra legatio partibus ægris sanitas sit*, & qu'il ne se presente occasion de dire comme autresfois par vn vieil Romain *nihil industriè aut ex fide agi posse, nisi sub oculis ipsius Pontificis*.

En second lieu de vous serieusement representer qu'elle peut estre la consequence de la rupture de ce grand & mystique Sacrement de l'Eglise que Dieu a daigné instituer dans le Paradis terrestre & en l'estat d'innocence, au lieu que tous les autres n'ont esté ordonnez qu'à la suite du crime de nos premiers peres, & apres leur peché: Et encores quand il s'agit de le dissoudre à l'appetit de ce sexe fragile, qui transporté de vaines ialousies ne se bande iamais que contre son bon-heur, bref auquel on ne peut de si court indulger,

Quin vaga prosiliat natura remotis.

En l'annee 1595. fut traicté & celebré le mariage des parties, souz tels auspices que le plus fauorable Thalassion pourroit desirer. Voires que si la liberté Fescennine permet de parler honnestement de la cõsommation d'iceluy, plustost ne parut l'estoile reputée par les poëtes fauorable aux amãs, & que l'on croit leur donner le signal de se dis-ioindre d'auec leurs plus intimes, pour se conioindre ensemble par vn nœud plus estroict; qu'incontinent les Paranymphes marchent, l'Epithalame sonne, puis, soubs l'escorte de l'amour & des graces

Ducitur in thalamũ virgo, ſtat pronuba iuxtà
Stellantes nox picta ſinus, tangenſque cubile,
Omina perpetuo genitalia fœdere ſanxit.

Tellemẽt que ſoit par gaillardiſe nuptiale ou curioſité venant d'ailleurs-*quid non Venus anxia curat?* quelques Dames proches parentes de l'eſpouſee auroient eu la veuë du linceul teſmoin du congrez abſolu, dõt eſt faicte mention au 22. du Deuteronome & qui ſe trouue ſerieuſement repeté au Mahzor ou breuiaire de la Synagogue Romaine, auec la formule de la priere que doit dire l'Eſpoux הרואה דם בתיל voyant le pourpre eſclos de ce val de l'aurore.

D'où tout eſprit nourri aux lettres ſainctes, & qui fait plus d'eſtat de l'authorité d'icelles, que des liures profanes, pourra prendre ſubiect de ſe perſuader que ce qu'Oribaſius au 24. de ſes collectes, & autres medecins en ont voulu meſcroire, tiẽt plus du paradoxe que de la verité, ou pour mieux parler, qu'ils ſ'accordent aſſez en la ſubſtance de la choſe, mais diſputent ſeulement ſur l'incertitude de la cauſe efficiente d'icelle, ſur l'equiuoque du nom & ſur le doubte de l'aſſiette du lieu.

Tant y a que comme c'eſt vn ſecret de

nature, auquel le legiſlateur de Lacedæmone defendoit d'apporter la lampe de curioſité, & qu'en outre le ſeul inſtinct y peut d'auantage, que toutes les ſciences des maiſtres plus experts: ſuffit à l'Appellãt que ſelon les ceremonies ordinaires du ſacrifice d'Hymenee *litauerit deo Subigo, deæque Pertundæ*, & que de là en auãt il ait touſiours teſmoigné n'eſtre du nõbre de ceux que l'on confinoit anciennement par opprobre dans la ſacriſtie d'Hercule Miſogyne.

Ainſi donc ſ'eſcoulent deux annees ou enuiron que leſdits conioints ayans veſcu en bõne paix & vnion, ſe rendans mutuellement l'vn à l'autre la debte coniugale,

Sacra thori coitúſq; nouos, thalamóſq; recentes,
Primáque dilecti repetentes fœdera lecti.

En fin comme l'eſprit de la femme pour ſon imbecillité ſe rend aiſément ſuſceptible d'impreſſions ſiniſtres, ſeroit aduenu que ladicte intimee auroit pris vne imagination friuole qu'il eſtoit à craindre pour elle, *ne iura iugalia coniux non bene ſeruaſſet.*

Et ſur ce maltalent n'auroit fait conſciẽce de prendre l'eſſor chez ceux qui par ſon mariage l'auoiẽt miſe du tout hors de deſſoubs leur main, & qui neantmoins au lieu de la renuoyer à ſondit eſpoux auquel par la loy diuine elle deuoit adherer comme ayant eſté faicte la chair de ſa chair, & les os de ſes os: au contraire l'auroient & retenuë pres d'eux, & ſouffert que pour trouuer pretexte à de nouuelles nopces, elle ait entreprins contre luy ceſte odieuſe accuſation de pretenduë froideur & impuiſſance, auec autres reproches & faicts calomnieux qu'il luy euſt eſté plus honeſte de taire

quàm protinus vrbi
Pandere res alta ſylua & caligine merſas.

Toutefois le malheur auroit voulu pour ledit ſieur appellant, que comme la corruption du ſiecle ha donné le cours libre à telles procedures *dedit hanc contagio labem, & dabit in plures*, au lieu qu'en douze cens ans que la pudeur auroit poſſedé l'ame, & couuert le viſage des matrones de France, à peine ſe ſeroit-il autant meu de procés en telles matieres qu'ils ſont auiourd'huy frequens & iournaliers.

Ainſi contre ce que l'intimée ſ'oſoit promettre tant par raiſon que pour ſon propre honneur, contre ce qu'vn iuſte remors de syndereze luy en pouuoit bailler d'asseurance ou d'espoir, & contre ce que le respect de sa qualité le luy deuoit permettre, elle ha trouué le parc iudiciaire si accessible & si ouuert d'entree, qu'il semble y auoir prou dequoy s'esmerueiller sur quel subiect les Preteurs Romains autrefois en ont sçeu fermer la porte aux femmes. Veu que nous ne lisons autre chose de celle que l'on croit auoir serui de motif à leur Edict, sinon que par rencontre elle plaidoit fort hardiment ses causes deuant eux, mais non qu'elle en ayt onc intenté vne seule sur vn pretexte de si mauuaise grace, si esloigné de toute modestie, & si plein de diffame que celuy de present.

Neantmoins tandis que le cours demeure libre aux opinions anticipees par erreur populaire, & qu'en ce faisant est donné lieu à la plainte de Pline : *Quàm multa fieri non posse priúsquam facta sint iudicantur ? Naturæ verò rerum vis atque maiestas in omnibus momentis fide caret, si quis modo partes eius ac non totam animo complectatur.* Faute que ceste nature ne permet de pouuoir atteindre à l'exacte recherche d'vn si grand secret que celuy qui rend la question de ce proces non moins arduë que fameuſe & celebre, l'appellant rechargé d'affliction ſur affliction en ha ſouffert & ſouffre ce malheur que ce luy eſt vn extreme regret de dire qu'il ait ouy le coup de tonnerre apres la veuë de l'eſclair, qui ſe donne deuant, c'eſt à dire, auoir ſouffert condemnation auant la preuue, bien qu'elle ſuiue apres par l'ordre de iuſtice.

Ce qui luy baille ſubiect de vous ſupplier en ce dernier conflict, où la cauſe eſt reduicte à ſon dernier reſſort & ſur le fil du trenchant de l'acier, ainſi que parle Homere,

---ἐπὶ ξυροῦ ἵσταται ἀκμῆς,

de vouloir auſſi pleinement deliberer ſur icelle qu'ō ſemble iuſqu'a hui l'auoir trouuee ſommaire, ſoit par vne preſomption tiree du ſens commun, ou par quelque degouſt de penetrer plus outre: à fin que vous reiettans l'vne comme fallacieuſe, & prenans cœur à l'autre comme le ſeul moyen d'eſclaircir tout l'affaire, les parties ayent ſubiect d'en demourer contentes & de ſe reſoudre ſans regret à quelque euenement qui en puiſſe arriuer.

Combien que ledit appellant ſouſtienne

que tout ce qui eſt de droict milite de ſon coſté, & qu'il ne ſe trouuera par le procez cauſe quelconque apparente ou valable, pour laquelle ſon mariage auec ladite intimee ait deu eſtre declaré nul, puis que toutes les ſolemnitez, tant de la police ciuile que du Sacrement de l'Egliſe y ont eſté entierement gardees. Et que quant à ſa pretenduë impuiſſance, dont ſadicte femme luy fait impropere, pluſtoſt à la honte d'elle qu'au detriment de la vraye verité, c'eſt vne parcure de luſtre artificiel qu'elle ha choiſi expres, pour faire eſclater à la veuë de tout le monde, ce qu'elle ne pouuoit aſſez couurir, non pas meſmes euſt elle en main les plus larges fueilles de ce figuier du Paradis terreſtre qui le premier ſeruit à cet vſage.

Comme eſtant choſe & difficile à croire & faſcheuſe à ſouffrir, qu'vne Dame pudique ait ſi peu de front & tant de bouche, que d'oſer diuulguer les ſecrets familiers d'entre l'homme & la femme, leſquels Penelope diſoit à ſon Vlyſſe ne debuoir eſtre ſceus que d'eux ſeuls.

---ἔστι γὰρ ἡμῖν

Σήμαθ' ἃ δὴ καὶ νῶϊ κεκρυμμένα ἴδμεν ἀπ' ἄλλων

& lesquels pour ceste cause les plus grands ennemis tiennent clos & cachez.

Autrement les Atheniens eussent-ils fait scrupule de descacheter les lettres par eux surprises que Philippe de Macedoine leur mortel aduersaire rescriuoit à sa femme ; sinon qu'ils craignirent que dedans y eust quelques traicts de priuauté coniugale, lesquels ils iugeoient par honneur ne deuoir estre ouys ne congneus des estranges?

Que si des hommes, bien que naiz libertins, si des guerriers subiects à la des-bauche, & si des ennemis, qui auoient quelque apparence de legitime excuse, ont neantmoins rendu cet honneste deuoir à la pudeur des femmes: combien à plus forte raison le doiuent elles aux hommes, elles que nature ha mises soubs leur main, qu'elle ha faictes craintiues, froides & retenues, & qui ne sçauroient prendre meilleur aduis que de croire auec Pythias fille d'Aristote, la seule modestie estre la plus belle couleur dont les chastes matrones puissent orner & peindre leur visage?

Aussi est-ce au porphyre de ceste vertu que fut emprainicte la loy des Grecs, qui defendoit aux femmes de n'oser regarder vn homme en face, mesmes parlans à luy, γυναῖκας ἀνδρῶν μὴ βλέπειν ἐναντίον. C'est de par les oracles d'icelle que S. Ignace escriuant au peuple d'Antioche, enioignoit aux Dames de la ville de porter tout respect à leurs maris, auec inhibitions tres expresses à elle de ne prendre la hardiesse de les appeller par leur nom ou surnom, ains seulement par ce tiltre de leur Seigneur & Maistre, γυναῖκες τιμάτωσαν τοὺς ἄνδρας ὡς σάρκα ἰδίαν μηδὲ ἐξ ὀνόματος αὐτοὺς τολμάτωσαν καλεῖν. Bref aux effects de ceste vertu que chascun recognoist si tost qu'il se commence à cognoistre, iustement doit estre attribué ce qu'escrit Ouide de la chaste Andromede, qu'estant interrogée par Perseus des causes de son mal'heur,

Silet illa, nec audet
Appellare virum Virgo, manibusque modestos
Celasset vultus, si non religata fuisset,

Toutefois ne faut point doubter que la rougeur espanduë sur son front & la vertueuse honte dont elle se monstroit saisie, ne suppleast assez au defaut des mains qui demeuroient attachées au rocher : & dans lequel en consequence d'vn si memorable traict d'honneur deuroit estre grauée la condemnation de celles qui se mesprennēt si fort au principal poinct qui en depend: veu que si elles ne sont astrainctes a leurs maris auec des menottes de fer, comme ceste Andromede estoit cloüée au roc, ou auec des chaisnes d'or, ainsi que les esclaues d'Ethiopie, si le sont elles par des obligations & plus fermes & plus estroictes, comme passées soubs le séel de nature, & lesquelles ny le forgeron Lemnien, ny Persée n'y Hercule ne sçauroient iamais rompre,

En tesmoignage & symbole dequoy, l'Eglise qui par l'exterieur de ses ceremonies ha de coustume de faire entendre l'efficace occulte des sacremens internes, auroit sansdoute à bon droict ordonné, & tous les iours sainctement le practique, que lors de la benediction nuptiale, les conioints se mettent à couuert soubs vn voile, non seulement pour demonstrer à la femme que son mari deuient alors chef d'elle, mais aussi pour les aduertir tous deux par cet affublement qu'ils doiuent tenir les imperfections l'vn de l'autre secrettes, & les dissimuler par ceste affectueuse charité, que S. Iehan Chrysostome dict auoir des aisles d'or, pour cacher les defaults & vices des amans.

Duquel enseignement, selon qu'il est vray semblable, la sage Emperiere Eusebie ayant bien sceu faire son profict, comme il luy fust escheu d'auoir l'Empereur Constāce pour mary, mais froid & impuissant à elle, qui d'ailleurs excelloit en toutes les graces & beautez qui la pouuoient semondre à iouir des fruicts du mariage,

Ac dulces natos veneris quoque præmia nosse.

Neantmoins elle aima mieux compatir à l'affliction de sondit espoux, laisser fanir la fleur & fondre la vigueur de son aage, que par vne concupiscence eshontée trāsmettre aucun exemple à la posterité, sur lequel se peussent excuser celles qui vouldroient préposer le plaisir de la couche à la foy coniugale, & qui se chausseroient en fantaisie que le tiltre de femme fust vn nom de volupté, non pas de dignité.

En quoy son histoire est autant admirable, que digne de blasme celle de Tullia, quoy que princesse Romaine, & de maison Royale, qui au rapport de Tite Liue, par vne irreuerēce accompagnée d'opprobre alloit publiant & marmonnant par tout *de viro ad fratrem, de sorore ad virum, se rectiùs viduam & illum cœlibem futurum*, d'autāt que c'est chose honteuse à personnes de telle qualité, de porter si impatiément la priuation d'vn reputé plaisir dont tant de Vestales, tāt de continentes se sont forcloses d'elles mesmes, dōt les femmes des Cimbres & Barbares requirent à Marius d'estre à iamais frustrées, & pour refus dequoy, elles eurent plus cher de se faire toutes mourir d'vne mort volontaire.

Ce qui n'est icy representé par l'appellāt à l'inthimée, comme pour escrimer de paroles philosophiques sur vn subiect où elle ne demande que des armes naturelles:

arma ministeriis quippe dicata suis,

& les effects qu'elles doiuent produire, Mais pour se iustifier par luy premierement de ce que pour gauchir par elle au trac de ce diuorce elle n'a feinct de l'accuser de mauuais traictement, pource qu'encores qu'il eust esté plus honeste à ladite intimée de le dissimuler que d'en faire vacarme, neantmoins il maintient que c'est vn impropere calomnieux, qu'il tient rang de gentil-homme d'honneur, qui n'a iamais sacrifié auec du fief à Iunon coniugale, & qui ne s'estime point estre d'vne humeur si reuesche aux femmes, que pour raison de

ce il

ce il ayt onc eu besoing de s'immoler aux Graces.

En second lieu vous auroit-il pré-mis ce discours à fin que teniez pour presupposé, que si ce premier pretexte ne peut non plus durer cõtre la verité, qu'vn fard à la fumée, encores moins le second par elle pris de la pretenduë froideur & impuissance de sondit mary, fondée sur le defaut des tesmoins qu'il ne porte apparens. D'autant, qu'elle ha fait espreuue du contraire, par la defloration de sa virginité dont elle est demourée d'accord, & qu'elle, qui est Dame d'honneur, ne peut auoir souffert par vn autre, aussi qu'a toutes pareilles occurrences,

quoties repetens infesta tributum
debita reddis, ait?
Numquam directi persensit funera teli,
Nec semel expositum surgere vidit opus.

De maniere que combien que sa confession seule deust sembler suffisante pour couper le nœud de ce procés auec la hache Tenedienne, toutesfois d'autant qu'elle l'a faite ambigue, & que le vulgaire tient à paradoxe, qu'vn homme qui n'a point de tesmoins apparens apres sa puberté, en puiſſe auoir interieurement, n'y exercer la ſynouſie & apouſie qu'appellent les Grecs, qui ſont les principales œuures du mariage l'Appellant aſſeuré de la congnoiſſance qu'il en a de luy meſme, pretend maintenir le contraire, & que ce n'eſt point choſe repugnante en nature.

Or pour le demonſtrer, comme le grand Hippocrate dit au liure περὶ τέχνης que quand les yeux des Medecins ne peuuent penetrer iuſques à la congnoiſſance des maladies internes & cachées dans le corps, ils en doiuent colliger les indices par ce qui vient en veuë, comme par les ſueurs, par les ſaliues, par les excremens & autres marques qui ſortent au dehors.

Ainſi au defaut de pouuoir cognoiſtre ſi ledit Sieur Appellãt a des teſmoins cachez interieurement, pource que Promethée s'eſt oublié d'y mettre vne feneſtre, la preuue indubitable ne s'en peut mieux recueillir que des ſignes exterieurs & infaillibles, qui par leur entre-ſuite & concurrence forcent d'adiouſter foy certaine & aſſeurée à ce qu'il poſe & maintient pour treſvray qu'il eſt capable des œuures du mariage.

Car premierement sa virilité se iustifie par l'aspect de l'habitude de son corps, qui est le plus fort argument que Platon en ses Loix, & noz Iurisconsultes anciens eussent en vsage auant Iustiniã, pour la recognoissance de la puberté ou virilité des personnes. *Plato lib.* 11. *de legib. Vlpian. in fragm. tit.* 11 *Iustin.* §. 1. *Instit. quibus modis tutela finitur.*

Habitude du corps manifeste pour sa virilité en ce qu'il porte barbe, par la force & espaisseur de laquelle, comme certains Philosophes du passé *iussi sapientem pascere barbam*, souloient tesmoigner leur masle & courageuse austerité : aussi les Eunuques & chastrez n'auroient esté en reputation de gent effeminée, sinon pour la raison de Iuuenal, *quòd illis genæ molles & desperatio barbe.*

Ioint en second lieu que ledit Sieur Appellant se descouure auoir vne voix masle, forte, & telle que plusieurs des plus robustes & de condition plus virile n'ont pas communement. De sorte que si vn ancien poëte Latin asseuroit pour marque de virilité, *cui vox gallulascit & ramum roborascere*, l'Appellant se peut iustement preualoir de ceste presumption : adioustées ces autres circonstances de l'habitude de son corps, que les Poëtes n'attribuent qu'aux plus masles & plus vigoureux.

----queis duris horrent densissima setis
Corpora & axillas vt lucus inumbrant.

Mais surtout, & qui ne se peut dire qu'auec preface d'honneur,

Quibus in indomito constantior ariete neruus
----Quam noua collibus arbor inheret.

Et non seulement les Poëtes, desquels on pourroit d'aduenture croiser ou debatre l'authorité, combien qu'és choses naturelles on doiue en faire cas, mais aussi les plus excellens Philosophes, Medecins, & gens d'autre profession : qui tous ont estimé que la barbe, la voix forte, & le poil frequent aux parties inferieures, sont tous signes irrefragables de virilité parfaicte & de faculté generatiue. Tesmoin Aristote au liure. 3. de l'histoire des animaux chap. 11. liure 5. chap. 7. & au 4. de ses problemes que. 32. *& tit. seq.*

Quãt à Hippocrate, que les anciẽs pour son admirable experience en la medecine, ont reputé pour vn Demon, ou pour le fils d'vn Dieu, & duquel les escrits seruent d'autant d'oracles : lors qu'au 6. liure des maladies populaires il entre au discours de celles qui de femmes estoient deuenues hommes, comme Phaëtuse l'Abderitaine, Namusia femme de Gorgippus, & autres; il n'en remarque à ceste fin que les particularitez cy dessus cottees, la barbe qui leur vint longue, la voix qui leur deuint grosse, & le poil erratique qui leur couurit le sein.

Le mesme au liure de la structure de l'homme, adiouste que les cheueux & barbe crespeluë, comme l'Appellant les ha sans artifice, sont signes ordinaires d'vn extreme chaleur.

Et Pline adherant à l'opinion de cet insigne Asclepiade *qui tam fallere, quam falli vnquam nesciit*, dit Macrobe, venant à parler d'vne Arescuse, qui de femme estoit deuenuë homme: *barba*, dit-il, *ei & virilitas prouenit*, liu. 7. chapitre 4. Et au liure 11. ch. 51. traictant de la voix: *Vox* dit-il, *bubus tantum fœminis grauior, in alio omni genere exilior quam maribus, in homin. etiam castratis.* Sur quoy Lucian auroit pris subiect de repousser vn imberbe de la chaire philosophique, comme le reputant effeminé, non vray homme, pource qu'autrement il eust eu barbe espaisse βαθὺν πώγωνα & la parole grosse, non si foible & si claire οὔτε λεπτὸν οὔτε γυναικεῖον.

La raison pour ce qui concerne l'article de la barbe & du poil, peut estre renduë de ce qu'escrit Hippocrate au liure de la nature de l'enfant, sçauoir que les Eunuques ne peuuent estre barbus, ne velus, pource que estant impossible à cause de leur euiration, que la voye du sperme & des facultez genitales se puisse ouurir en eux, leur cuir s'en condense & espaissit, qui fait que le poil ne peut croistre dessus. Dont nous voyons l'exemple és parties du corps qui ont quelque cicatrice, ou dureté de peau, qui pour ceste raison ne peuuent iamais estre velues.

Dont resulte par argument tiré du sens contraire, qui est tresfort en droict, que celuy, qui comme l'appellant, ha la barbe espaïsse & crespelue, le poil dense & frequent par le reste du corps, ha par mesme moyen la peau rare & deliee, & en consequence de ce, qu'on ne peut desnier qu'il n'ait la voye du sperme & de la generation.

A l'esgard de la grosseur de la voix, & pourquoy celuy qui l'ha telle ne peut estre reputé ny sans testicules, ny sans semence:

La raiſon en peut eſtre auſſi pertinemmment renduë de l'authorité du meſme Hippocrate, au liure ſecond τῶν ἐπιδημιῶν. ἰσχνοφωνίην κυρσὸς λύει ἐς τὸν ἀρίστερον καὶ τὸν δεξιὸν ὄρχιν, ἄνευ τουτέου τοῦ ἑτέρου οὐχ οἷον τελύεσθαι.

Leſquels termes en peu de ſyllabes contiennent vn grand ſens qu'il faut ainſi dilater & entendre ſelon l'interpretation de Galien, ſçauoir que ce que les femmes, les Eunuques & enfans impuberes ont la voix greſle & claire, cela procede de l'abondance de l'humeur froide qui trempe, amoitit, & pour vſer du terme des medecins, enyure tous les muſcles du larynx, ou goſier.

Mais ce qui fait que les adoleſcens venãs à l'aage de puberté, & les hommes d'eſtat viril ont la voix forte & ferme, eſt que les labyrinthes variqueux des vaiſſeaux teſticulaires, ſe ſont enflez en eux par le regorgement du ſperme, de ſorte que par la reflexion, ou irradiation de la chaleur d'iceluy, tout le corps venant à s'eſchaufer, l'humeur froide qui enyuroit les muſcles du goſier, commence à s'euaporer & diſſoudre, ce qui cauſe le τραγᾶν ou *hircire* d'Hippocrate, c'eſt à dire la groſſeur de la voix qui demonstre la force de celuy qui l'ha naïfue & familiere.

Surquoy gist bien en remarque ce que Hippocrate dit au passage pre-allegué ἄνευ τῶν πτέρων ἑτέρου οὐχ οἷον τελεύεσθαι, c'est à dire que sans l'irradiation de la chaleur de l'vn ou l'autre des testicules, ny ne se peut grossir ou enroüer ny se rendre forte ou espaisse la clairté de la voix. Car la conclusion est bonne de là, puis que l'Appellant, outre la frequence du poil, ha la voix aussi forte & robuste qu'homme des plus parfaicts, que par necessité faut qu'il ayt des testicules & abondance de sperme par l'irradiation de la chaleur duquel, toute l'humeur froide qui eust peu estre en luy ait esté resoluë tarie & dissipee.

Aussi met-il en fait qu'estant de ceste habitude de corps, il ha consommé son mariage auec ladicte intimee, *& zonam soluit diu ligatam*, non par les moyens ridicules qu'elle suppose, mais par l'effort naturel de son sexe, & comme parle Homere

ἣ θέμις ἀνθρώπων πέλει ἀνδρῶν ἠδὲ γυναικῶν
Τῆς φιλικῆς εὐνῆς ἐπιβήμεναι ἠδὲ μιγῆναι.

Ce qu'encores qu'elle ait voulu opiniastrement desnier à l'entree du proces, toutefois tesfois par son second interrogatoire, pressee en fin de la force de verité & de sa conscience,

Huic vni (dixi) potui succumbere luctæ,

horsmis qu'elle auroit tasché d'y apporter du deguisement, & vouloir faire à croire qu'en quelque effort que l'Appelant se soit mis,

---nunquam peruenit ad intima telum,

ains que si tost que la premiere atteinte est donnee,

Proxima destituit vires, vacuusque recedit
Ardor, & in venerem segnis ab inde manet.

Comme si on n'auoit appris du Philosophe Abderitain que telle passion resemble a vne petite epilepsie de violente & courte durée, par laquelle l'homme estant mis du tout hors de soy,

Tunc premere & laxas nescit dare iussus habenas, qui est la cause pour laquelle Alexandre le grand disoit ne recognoistre son impuissance qu'en deux choses; en l'assaut du sommeil, & l'acte du coït.

Et bien que les Medecins qui ont visité l'Appellant, semblent par leur rapport aneclogiste auoir desiré que luy qui est de petite stature fust comme le gendre de Ciceron lié à vne longue espee, si leur peut on valablement opposer que le Diomede Ityphallique,

Ingenio pugnax, corpore paruus erat.

Comme aussi n'est-ce chose nouuelle que les supposts d'Archimede auec petit outil sçachent remuer de grandes machines, & moins est-il à mescroire que ledit Sieur ait eu la force & le pouuoir d'en faire autant à son Andromaque que les Troyens au vaisseau batailler entré dedans leur ville,

Et tentare cauas vteri & terebrare latebras.

Aidant fort ceste presomption ce qu'escrit Aristote au premier de la generation des animaux, & Galien au liure 15. chap. 3. *de vsu partium*, que la haste Laconique est beaucoup plus idoine qu'vne plus longue, en ceste monomachie, d'autant que quand elle est trop longue, le sperme s'afroidit dãs les destours & meandres d'icelle, & par ceste demeure n'est porté directement, ne prolifiquement dans le vase, comme par vne plus courte: ce qui le rend, au dire de Lucrece, sans aucune efficace.

Eicit enim sulci recta regione viáque
Vomerem, & à loculis auertit seminis ictum.

Ioint qu'Auicenne d'escrit l'hypogastre

pour estre d'vne qualité si auide & attractiue, qu'vne femme dans vn bain auroit deriué à soy l'autorhee de celuy qui luy faisoit compaignie à lauer. Dont resulte qu'il n'est besoin d'vne eccroüe si profonde *cùm puella pariat etiamsi malè adsit viro.* Bien que l'Appellant comme fourny de tout ce qui peut suffire à franchir les destroicts & spelonques des Nymphes, pretende apres s'estre faict voye

----per opaca silentia noctis
Illyricos penetrasse sinus, & fontem superasse Timaui.

Du moins sur ce que la visite ordinaire en tel cas pouuoit leuer tout le doute, qui autrement faute de veuë reelle demoureroit perplex, & que pour ceste cause ledit sieur Appellant l'auroit instamment requise, iamais par la resistance de sadicte femme il n'auroit sçeu y paruenir; bien que l'on ne deust faire plus de difficulté de luy reueler sa pudeur, qu'elle auoit eu de hardiesse (pour ne rien dire de pis) à reueler celle de son mary. Car c'est vne talion d'equité reciproque, & comme dit Phocylide,

ὅττι παθῆ τὸ καὶ ἔρεξε δίκη τ' ἰθεῖα γένοιτο.

Adiousté que pour comble de toute

preuue, & la plus frequente qui se puisse practiquer à ceste occurrence, ledit Appellant se seroit offert à la Clinopale ou congrez, pour manifester à l'espreuue ἀλέπεζα ποι βροτῶν ἔλεγχος dit Pindare, qu'il auoit l'arrection, intromission & eiaculation à luy controuersees, & partant que toutes ces circonstances concurrétes, on ne pouuoit sans calõnie l'arguer d'impuissance, ne luy faire reproche tel qu'Hector à Paris,

——ἕνεκα καλὸν
εἶδος ἐπ', ἀλλ' οὐκ ἔστι βίη φρεσὶν οὐδέ τις ἀλκή
αἴθ' ὄφελες ἄγονός τ' ἔμεναι ἄγαμός τ' ἀπολέσθαι.

Comme estant de là facile à renuerser ce que ladite Dame intimee auroit posé pour pretendu fondement de sa cause, que puis que ledit Sieur Appellant auroit recogneu, & demeure encores d'accord, n'auoir aucuns testicules, ou daintiers apparents exterieurement dans le Scrotum leur siege ou bource ordinaire : telles preuues eussent esté & seroient encores à present superflues, pour la consequence qu'elle en tire, de n'estre à presumer qu'il en ait au dedans, *ideoque quasi funerata illa parte corporis qua Hercules esse debuit*, qu'il ne peut naturellement accõplir les œuures du mariage.

Car la responſe à ceſte obiection eſt: Que ſi la loy diuine defend à la femme de ne ietter les yeux, ou les mains petulantes aux parties où la honte de ſon mary ſe cache, *quod effatu quoque ſcelus eſt*, dit S. Hieroſme en la vie de S. Paul l'hermite, à moindre raiſon doit-il eſtre permis à l'intimée de diuulguer qu'elle ait ce reſſentiment de celles de ſon eſpoux, *Non enim* (diſoit Quintilian) *ſocietate coniugali omnia adeo miſcentur, vt animus non habeat aliquod ſecretum.*

N'en fuſt-il d'autre exemple que celuy le quel Pline en ſon Epiſtre 24. du 6. liure faict ſonner ſi haut, d'vne chaſte matrone du bourg de Larie qui reſſentant mille angoiſſes en ſon ame des penibles tourmens que ſouffroit ſõ mari par vn vlcere qui luy pourriſſoit les parties genitales, ne peut neantmoins iamais ſe reſouldre à prẽdre la hardieſſe de voir ce que c'eſtoit, ſinõ à toute extremité, pour deſcouurir ſ'il y auoit quelque eſperance de guariſon. Et comme elle recogneut le mal eſtre incurable, ne prit pas de là pretexte de diuorcer d'auec luy, ne d'en rechercher vn autre de meilleure compoſition, ains apres l'auoir exhorté d'abbreger ses iours, voulut aussi se rendre compagne de sa mort, & se fit lier auec luy, puis ietter dãs la mer, qui battoit au pied de leur maison ; tant elle eut d'enuie de luy tesmoigner l'ardeur de sa foy indissoluble, & le regret qu'elle auoit eu d'estre forcée par la necessité à voir ce dont tousiours sa pudeur l'auoit iusqu'alors retenuë.

Cause aussi pour laquelle Martia fille de Varron, entre tant de belles peintures & images releuees en bosse, qu'elle fit de son temps à Rome, comme estant des plus excellentes en ce noble artifice, ne voulut neantmoins iamais effigier ne representer à nud aucune semblance d'homme, de peur d'estre contraincte d'exprimer aussi quand & quand la forme du membre viril & par là demonstrer qu'elle en eust cognoissance.

D'auantage dict l'Appellant que supposé qu'il n'ait les deux glãdules surnommées tesmoins de virilité pour apparentes, cela n'empesche pas qu'il n'en ait d'occultes, veu tant d'autres parties cachees au corps humain, que pour n'apparoistre pas nous ne doutons neantmoins y estre.

De mesme que selon le discours des

chapitres 26. & 28. de l'histoire de Iob, Nature a caché tant soubs mer que soubs terre, vn infinité de choses rares & precieuses, dont toutesfois nous croions l'existéce, pour la raison qu'en deduit bien amplement Lucrece, au liure premier de ses naturelles.

Corporibus cæcis quoniam natura gerit res,
Vt nequeant oculis rerum primordia cerni:
----ac corpora multa necesse est
Confiteare esse in rebus, nec posse videri.

Ou plustost conformons nous en cela nostre creance à la doctrine de l'autheur des diuines institutions, qui escrit au liure 6. d'icelles, chap. 9. que Dieu l'auroit ainsi expressement ordonné par son eternelle prouidence, afin de nous attirer à croire en luy souuerain createur, bien qu'estant inuisible, par la cögnoissance des choses creées que nous ne voyons point. Oultre ce qu'il note specialement de l'homme, que ce qui est de luy exposé à noz yeux, *hoc quod oculis subiectum est, non homo sed hominis receptaculum est, cuius qualitas & figura non ex lineamentis vasculi quo continetur, sed ex factis peruidetur.* lib. 2. cap. 3.

Mais combien apprenons nous par les

atomies des corps humains y auoir esté trouué de choses que l'on n'eust iamais creues? Qui se fust imaginé que Leonidas eust eu le cœur velu? toutesfois on le recõgneut tel à l'ouuerture expresse qu'en fit faire Xerxes, pour sçauoir d'où venoyent tant de ruses d'vn homme. Ou qui n'a leu ce qu'escriuent les Autheurs des histoires merueilleuses, & notamment Langius en la 38. de ses Epistres medecinales, d'vn billot de bois, de quatre cousteaux d'acier, & d'vne pelote de laine tiree de la cauité du ventricule d'vn Paisan d'Allemaigne.

S'il aduiẽt donc aux corps humains tant de cas estranges & extraordinaires, *quorum nec ipsa natura bonæ malæque materiæ artifex rationem reddere potest*, au dire de Valere, qui empesche que ce qui est moins contre ladite nature, ne s'y puisse produire? & que les testicules qui pendent au dehors le plus communemẽt, ne demeurent dedans serrez & retenus?

C'est pourquoy par tout l'Edict edilitien nous voyons que noz Iurisconsultes mettent en pareille categorie les vices apparents ou latents, & par argument contraire, les perfections latentes ou apparen-

tes

tes : Mesmes qu'en matiere d'interests la loy fait autant d'estat de la bonté intrinseque qu'extrinseque, attendu que par l'intelligence de l'esprit elle peut receuoir pareille estimation, *l. cum quid. ff. de rebus creditis. l. bonitatis. ff. de euict. l. vnica. C. de veteris numismat. potest. lib. 11. tit. 10.*

Consideré d'ailleurs que supposé que ledit Sieur Appellant n'ait les deux glandules appellees tesmoins de virilité manifestes & apparentes : cela n'empesche que la substance de verité n'y soit interieure, d'autāt que les choses peuuent estre de soy veritables ou faulses sans tesmoins, *Misera hercle conditio mortalitatis, quando iam omnibus quæ inter nos geruntur testem adhiberi oportet, ita parum facit veritas.* Et la maxime de droict tient que pourueu que la verité subsiste de soy, l'affirmatiō ou denegation de ceux qui en parlent ne peut en rien alterer la substance d'icelle. *l. assumptio. ff. ad municipales. l. si forte. ff. de castr. pecul.*

Adiousté que sans lesdits tesmoins apparens ledit Sieur Appellant en a d'autres qui n'ont moindre efficace pour la preuue de sa virilité, comme ceux qui ont esté pr étouchez de l'habitude de son corps, &

ſur tout de ſon Plumetif en bonne forme: car la loy dit que telle piece autentique eſt de pareille force que les teſmoins pour biẽ fournir vne production.

Bref comme Pauſanias ne fut moins bien conuaincu de la trahiſon de la Grece, pour auoir eſté les teſmoins cachez deſſous vne voute du temple de Iuno *Chalcœcos*, & que la rebellion d'vn grand Seigneur de France ne fut moins bien verifiee par le Roy Lois XI. pour auoir ſeulement eſté entenduë de quelques teſmoins cachez derriere vne tapiſſerie par ſon commandement, que ſ'ils euſſent eſté manifeſtes & apparens.

Au cas pareil, & par la meſme alluſion de Plaute, *amari poteſt teſtibus ita præſentibus*, ſans que rien doibue deperir à la verité de l'eſtat viril dudit Sieur Appellant de ce qui luy eſt obiecté du defaut de l'apparence d'iceux, pource qu'il les a cachez dans le corps, attendu qu'il n'auroit onc ſouffert aucune exciſion, & que ſuppoſé que la conſtitution commune de nature ſoit au contraire, toutesfois

Nil prohibet raris nomen ineſſe meum.

Outre que les conſtitutions ciuiles &

canoniques ne diſpoient moins des cas rares & extraordinaires, que de ceux qui arriuent le plus communement *l. ſed & ſi.§. ſi pater famil.ff.de iudic.l.antiqui.ff.ſi pars hæredit. petat. can. in canonicis. diſt. 19. can. apoſtolica.can.cenamonenſem.diſt.56.* notammẽt les textes qui parlent des eunuques & ſpadons ſont fort frequens és liures de l'vn & l'autre droict.

Auſſi n'eſt-ce le premier priuilege que ſ'attribue nature en la varieté de tout ce qui vient en eſtre, d'où Pline a pris ſubiet de dire en ſon hiſtoire naturelle, *lib.11.cap.3 Mihi contuenti ſe perſuaſit rerum natura, nihil incredibile exiſtimare de ea, & ſingula quidem quæ facit in dies & horas quis enumerare valeat? cæterũ eius potẽtia approbat, nihil ab ea ſine aliqua occultiore cauſa gigni, lib.22. in præfatione ibidem.*

Et de vray puis qu'il ſ'agit de matiere de generation, n'eſt-ce pas contre les loix cõmunes d'icelle, ce que l'eſcriture ſaincte nous certifie par la ſupputatiõ des annees, que Salomon engendra Roboam ſeulemẽt à onze ans, 3.*Regum.cap.*14. ce que porte le Seder olam des Hebreux, que Pharez fils de Iuda eut Ezron à neuf ans: ce que S.

Hierosme en l'epistre *ad Vitalem*, & sainct Gregoire rapporte en ses dialogues d'vn enfant qui à mesme aage fit sa nourrice grosse? bref ce que Pline adiouste des femmes des Macrobies & Calinges des Indes, dont les vnes ont la puissance de cõceuoir à sept, & les autres à cinq ans? hé qui ne s'esmerueilleroit de telles raretez, & ne croiroit que le cas de present peust à bon droit en accroistre le nombre?

Car toute la difficulté du procés semble retomber sur ce seul point, de sçauoir si celuy qui n'a point de testicules apparens est incapable de contracter mariage,

Tanquam coniugibus suis mariti
Non poßint sine testibus placere:

s'il est inhabile ou impuissant à la generatiõ & si en consequence de ce, le mariage contracté auec luy peut estre declaré nul & cõme non aduenu.

Or d'autant que l'esclaircissement de ceste difficulté depend principalement de la cognoissance des maximes de la philosophie naturelle & de la medecine, pource qu'estãt vne fois decidé si le Spadon n'ayãt testicules apparens peut engẽdrer ou non: la question de Droict est par apres fort facile à resoudre.

Pour ceste cause ledict sieur Appellant pretend vous monstrer qu'en termes de Physique & de Medecine, celuy qui n'a testicules apparens est capable de la generation, & de là colligera qu'en termes de Theologie, de Iurisprudence, & de droict Canon, ensemble de Philosophie morale, le mariage contracté auec luy est bon, valable & legitime.

Quod irrupta tenet copula nec malis
Vellisse querimoniis
Suprema citiùs poßit amor die.

Et bien qu'à ceste occurrence l'Appellant eust à desirer, ou que chacun fust de l'opiniõ de ces Philosophes qui estimoient les paroles n'auoir rien de degoust, ny de mauuaise odeur, & que ce qui est honneste à faire, ne l'est pas moins à dire, ou que tous les esprits d'humeur Catoniẽne, à qui paraduenture ces parergues floraux pourroiẽt des-agreer, s'en retirassent loing: toutesfois soit qu'ils demeurent ou tournent en arriere, puisque le papier ne rougit point, & que la necessité du subiect sert à l'autheur d'excuse,

Fas mihi naturæ sacrata resoluere iura,
Pudoris teneor nec legibus villis.

A commencer donc l'ouuerture de ce-ste question par la Philosophie naturelle, quelle authorité peut estre de plus grand poids sur le subiect d'icelle, que de ce grand & incomparable Philosophe, qui pour sa parfaicte cognoissance des choses plus secrettes a merité d'estre surnommé le Genie de Nature?

Cest Aristote donc traictant expressement la presente question au liure premier de la generation des animaux, chap.4. dit, que nature a mis les testicules aux vns par dedans, aux autres par dehors, selon la dureté ou mollesse du cuir & de la peau: d'autant que si les testicules auoient vn couuercle trop dur, ils deuiendroient inutiles, à cause que le sperme en seroit endommagé: s'ils l'auoient trop mol, ils en pourroient estre refroidis. & consequemment rendroient le sperme non generatif.

Pour ceste consideration, dit-il, audict chap. & au 12. subsequent, la plus-part des oyseaux, des poissons, & autres animaux qui n'ont point de testicules, ou les ont réfermez dans le corps, sont les plus prompts & plus chauds au coït: d'autant que tant s'en faut que le manquement d'iceux empesche la generation, que au contraire les testicules seruent comme d'vn meãdre, comme d'vne bonde, ou comme d'vne porte pleine de tours & destours sinueux pour retarder le cours de la semence, la tenir en branle & en suspens, bref pour luy valloir de cõtrepoids, ainsi que la pierre est penduë à la trame d'vn tisserand, pour dõner cours esgal & plus commode à la nauette qui court & recourt dessus.

Le mesme Aristote adiouste aux deux chapitres prealleguez, & autres subsequens au mesme liure, que les testicules font seulement ce bien à l'homme que d'ameliorer aucunement ladicte semence ainsi par eux tenuë en arrest, & que pour ceste cause ils se recrespent & moutonnent, bref se renuersent dans le corps sur le poinct de l'acte du coït, de peur d'estre refroidis par l'air exterieur, & pour se reschauffer d'auantage au dedans.

D'où l'on peut colliger, que tant s'en faut que celuy qui n'a aucuns testicules apparens (n'ayant toutesfois souffert aucune excision, comme l'Appellãt) soit inhabile, froid ou impuissant à la generation, qu'au cõtraire il y est plus vif, plus prompt & plus chaud que les autres, & a l'eiaculation plus ſoudaine que s'il auoit des teſticules, d'autant qu'ils ne ſeruent que de barre pour retarder le cours de la ſemence.

Cela eſt ſi veritable, que le meſme Ariſtote allegue audit chapitre 4. cõme choſe aduenuë de ſon temps, qu'vn taureau incontinent apres ſon exciſion ayant ſailly ſur vne vache, l'emplit toutesfois de ſperme generatif, pource que les conduits d'iceluy n'eſtoient encores retirez: Ce qui demonſtre qu'à plus forte raiſon vn homme ſans teſticules apparens, ne laiſſe d'auoir l'eiaculation du ſperme, veu que meſmes vn chaſtré, long temps apres ſa puberté acquiſe, retient ceſte faculté iuſques à ce que les conduicts luy ſoient retraicts, & les vaiſſeaux tant preparans que deferans bouchez.

Voila donc pour ce qui eſt de la Philoſophie naturelle, & ne faut pas douter que l'Eſchole de la plus ſaine partie des Medecins qui a iuré aux paroles & opiniõs de ce grand Philoſophe, ne s'accorde en cela totalement auec la doctrine de ſon Maiſtre.

Or pour le demonſtrer premierement par la cauſe productiue de la ſemence, on ne peut dire que ce ſoient les teſticules:

Car

Car le Philoſophe Zenon la ſouloit definir pour vne mixtion & compoſition de toutes les puiſſances de l'ame. Hippocrate tient que c'eſt vne humeur ruiſſelante de toutes les parties du corps ἀπὸ παντὸς τοῦ ὑγροῦ τοῦ ἐν σώματι ἔοντος ce qui ſe collige, dict Auincenne, de l'alteration totale que le corps en reçoit iuſques aux moindres parties,

Mēbra voluptatis dum vi labefacta liqueſcunt.

Les autres en deriuent la ſource ou de la moüelle de l'eſpine du dos, ou d'vn eſgouſt du cerueau, ou de quelque cauſe ſemblable, pas vn des teſticules.

Secondement pour venir à l'anatomie des vaiſſeaux ſeruans à l'arrection, intromiſſion & eiaculation du ſperme, qui ſont les trois parties requiſes pour la conſommation du mariage, nous trouuerons que les teſmoins ne font nulle fonction entre icelles.

Car quant à l'arrection dont l'orgaſme eſt en partie naturel, en partie animal: les Anatomiſtes tiennent que le membre viril ha pluſieurs ligaments ſpongieux preſque ſemblables à la ſubſtance de la ratte, où ſe trouuent pluſieurs ramifications & entrelassures de plusieurs petites veines, arteres, & filamens nerueux contre la nature des autres, contenans gros sang & noir, lequel assiegé de l'esprit de concupiscence, & agité par le feu d'amour illec enuoyé,

----potis est attollere ramum,
Sanguineis ebuli baccis minióque rubentem.

L'intromission procede, outre les causes que dessus, des ventositez pleines d'esprits vitaux qui tressaillent du cœur, ensemble de la chaleur de concupiscence, & appetit naturel, lequel prend sa source du foye & des reins, & de là s'espand par les parties genitales,

Semina cum Veneris stimulis excita per artus,
Obuia conflixit conspirans mutuus ardor.

A l'esgard de l'eiaculation, elle prouient non pas des testicules, au moins purement & simplement, ains des vaisseaux spermatiques, qui sont six en nombre, quatre preparans, & deux eiaculatoires ou deferans: quand aux preparans, depuis qu'ils sortent hors de la grande capacité de la tunique appellee peritoine, ils se reflechissent en plusieurs replis & anfractuositez en forme de varices, à fin qu'en si long chemin la matiere de la semence qui n'est encores que ſang, ſoit preparee à concoction : auſſi tous quatre aboutiſſent-ils en vne petite auge creuſe & longuette vulgairement appellee ἐπιδιδυμὶς ou ſur-iumelle, pource qu'elle couure les deux teſmoings iumeaux dans laquelle cauité ſ'elaboure le ſperme.

Entant que touche les deux eiaculatoires, ils procedent des paraſtates variqueux, ou veines aſſiſtãtes aux teſticules, deſquels elles ſont vne ſubſtance ſeparee, & ſeulement ont continuité auec iceux par de petits canaux & conduits ſecrets, d'où ſoubs vne circonuolutiou meſuree, venans à ſe rencontrer auec les preparans, ils montent par leurs voyes dans le vẽtre, ſans que les teſticules leur ſeruent d'autre choſe que du contre-poids qui balance le flux de l'eiaculation.

Dont reſulte qu'il n'importe en quel endroit ſoient les teſticules ou dans l'interieur à l'enuiron de l'os pubis, ou bien dans le ſcrotum; ains au contraire, que quand ils ſont dans l'interieur, l'acte de la generation en eſt plus viſtement parfaict, pource que les vaſes preparans & eiaculatoires n'ont point tant à deſcendre & remõter comme quand les testicules sont dans le scrotum en partie plus basse & subiecte à vne intemperie exterieure.

Car veu que la proportion du corps humain est admirable en toutes ses parties, ne faut point douter que quand les testicules ne sont descēdus iusques au scrotum, pource que les muscles cremasteres ausquels ils sont pendus, sont trop courts, que les veines parastates dont procedent les vaisseaux eiaculatoires, ne soient aussi proportionnees de mesme, comme on void au corps de la femme, où les vaisseaux spermatiques sont à la proportion des tirets suspensoires, ausquels tiennent leurs testicules aux costez de la matrice, & pourtant ne se voiēt pas, d'autant qu'ils sont pendus plus de court que ceux du commun des hommes.

Tout ce que dessus donc recueilly des liures des Medecins & Anatomistes plus excellens, tant anciens que modernes, demonstre qu'vn homme non chastré ne exsequé, & qui toutesfois n'a aucuns testicules apparens, est autant ou plus capable de la generation, que ceux qui les ont apparens, d'autant qu'à ces derniers, le testicule pendant est comme le frein ou la bride de leur appetit charnel dont les autres ſont affranchis pour ce qu'ils ont la carriere libre pour faire vn cours plus chaud & violent.

En ſecond lieu reſulte des moyens que deſſus, que les teſticules font ſi petit office à la generation, que par maniere de dire, ils ſeruent plus d'archers pour faire la garde à la porte des vaiſſeaux ſpermatiques, à fin d'empeſcher qu'ils ne ſe iettent à la foule, que non pas qu'ils rendent aucun miniſtere notable en l'acte Venerien, qui a tant d'autres parties & anfractuoſitez pour faire cuire & digerer la ſemence. Tant y a que ſans iceux ſe peut former l'arrectiõ, l'intromiſſion, & ne duiſent que ſi peu que rien à l'eiaculation, partant le defaut d'apparence d'iceux, ny ne peut empeſcher vn mariage d'eſtre contracté, ny contracté, ne le peut diſſoudre.

Toutefois d'autant qu'vn celebre Archiatre de noſtre temps, vrayement d'effet & de nom LAVREA *donandus Apollinari*, ſ'eſt efforcé au 7. de ſon hiſtoire Anatomique *queſt*. 1. 2. 3. & ſubſequentes, d'impugner l'opiniõ d'Ariſtote cy deſſus alleguée & le precipiter comme vn ſexagenaire du pōt de la Physique & Medecine: peut estre ne sera-il hors de propos, à fin que l'on n'en tire aucun pre-iugé cōtre la cause de l'Appellant, que ce grād Philosophe sur la peau duquel homme n'a iamais donné coup de dent, qui la pensant trouuer molle, ne l'ait esprouuée dure & solide, puisse au besoin rencontrer en cet endroit, sinon le pauois d'vn Achille ou de son Alexādre, au moins la plume defensiue d'vn demi-Telemaque, sur qui personne n'ha onques eu authorité de tel poids, qu'elle peust preualoir à la verité mesme.

ἦ γὰρ ἐμοὶ φίλ' ἀληθέα μυθήσασθαι.

Non que pourtant ledit sieur Archiatre en doiue contre luy former complainte en cas de saisine & nouuelleté, comme s'il iettoit la faucille en moisson qui n'est sienne. Car supposé qu'il y ait eu autrefois vn Dieu Terminus au mont du Capitole, si ne fut-il iamais sur celuy de Parnasse, ains au contraire les Poëtes nous representent, que comme si la prescription des cinq pieds n'i auoit onc eu lieu, les Muses possedent le lot de leurs arts & sciences en commun & par indiuis, voire se tiennent toutes par la main comme en forme de danse, & anticipent librement ſur les marches les vnes des autres, à fin de monſtrer à leurs ſectateurs qu'ils ont meſme pouuoir.

De fait que pour n'en prendre exemple de plus loing, nous trouuons infinies queſtions de Medecine & Chirurgie traictées dans les liures de nos Iuriſconſultes, auec tant de methode & ſi bel apparat, qu'ils ſéblent faire honte à toutes ces mains diuines qu'appelloit Eraſiſtratus, & à tous ces eſcriteaux ſpecieux, pour leſquels on penſeroit de prim' abord *omne vadimonium deſeri meritò debere* à quelque riſque & peril qui en peuſt arriuer.

Premierement donc à ce qu'obiecte ledit ſieur Archiatre contre l'Ariſtote deſſus nommé, que les vaiſſeaux ſpermatiques ne peuuent eſtre auachis ne dilatez par le contre-poids des teſticules, pource qu'ils ſont entortillez parmy tant de labyrinthes, que ſ'ils pouuoient ſ'eſtendre, ils deſcendroient iuſques aux extremitez des pieds, Auſſi que les parties voiſines ſont ſi eſtroictes qu'elles n'admettent aucun eſlargiſſement.

La reſponſe eſt, que le grand Protoplaſte y a ſçeu prouuoir de remede conuenable, tant par la bourſe du ſcrotum, qui les retient & resserre, que par l'aptitude naturelle qu'ils ont de ne s'estendre plus auant: semblables à ces Acheiens qui de peur de leur ruine, ne s'emanciperent iamais hors de la Morée, bien qu'ils le peussent faire. Car cõme dit Pindare en la 13. de ses Olimpiques, toutes choses ont naturellement leurs bornes préfinies ἕπεται ἐν ἑκάστῳ μέτρον. D'où Tertullian auroit pris subiect au liure *De anima*, de tenir pour certain que toute la nature, *aut defraudatione, aut enormitate rescinditur, & proprietate mensuræ conseruatur.* Au reste si les parties voisines sont estroites essentiellement, elles peuuent receuoir dilatation, ainsi que plusieurs autres du corps, par l'accident qui leur suruient d'ailleurs.

A la seconde obiection, que tant s'en faut qu'iceux vaisseaux spermatiques s'estendent par les testicules, en l'acte du coït, qu'au contraire ils se grimoussent & resserrent: de sorte (dit-il) que pour les rẽdre plus vastes & capables, seroit besoing que l'vn des testicules fust situé deuant, & l'autre vn peu derriere. Hé si l'Appellant les a ainsi formez dans l'interieur du corps? Car au dire dudit Archiatre la conformation ordinaire

dinaire qu'ils ont n'est pas la meilleure. dôc celuy qui l'a autrement n'en doit estre reputé vitieux,

nec si quid turbida Roma
Eleuat, accedas examen-ue improbum in illa
Castiges trutina, nec te quæsiueris vltrà.

Au troisiesme obiect que ceste amplification & cauité sensible des vaisseaux spermatiques n'est point necessaire pour l'excrement du sperme, pource que l'epididymis ou caueau sur-iumel mētionné cy dessus, luy sert de reseruoir, ainsi qu'escrit Galien *lib.* 1. *de semine cap.* 15. & 16. *lib. de vteri distinct.* & 14. *de vsu partium*. L'Appellant prēd cela du tout à son aduantage, pour en induire que les testicules ne sont point donc necessaires pour l'elaboration de la semence, puis qu'ils n'ont aucune cauité visible ne sensible, & que la partie qui les couure est destinée a cet effect.

Comme aussi s'entend-il préualoir, de ce que ledit sieur Archiatre oppose en quatriesme lieu, que ledit sperme n'ha besoing de cauité, ores qu'il soit plein d'esprits & saille d'vn orgasme impetueux, pource (dit-il) que les anfractuositez par lesquelles il passe le tiennēt en brāsle & en arest. Car c'eſt à quoy les Peripateticiens attribuent le principal œuure des teſticules.

Et le cinquieſme argument qu'il fait au contraire, que ceux à qui plus ils pendent, en ſont reputez moins habiles au coït, ſoubs correction doit ſembler ſophiſtique pource que cela procede du vice affectant ceſte partie, & non de la tenſion d'icelle qui ne peut auoir ſes poids & meſures entieres. Mais ce qu'il adiouſte qu'ils ſe rebourſent en l'acte du congrez qui eſt bien loin de ſ'allonger & auachir. L'Appellant collige de là, qu'eſtans donc r'enfermez au dedans, ils doibuent ſembler plus apres à ce vif exercice.

quod tanto conſtringit fœdere amantes
Vnius vt faciat corporis eſſe duos.

De ſorte que tant ſ'en faut qu'Auerroës eſmeu de ces raiſons contraires, ait eu iuſte occaſiõ au dire dudit autheur Anatomique de ſe departir de la doctrine de ſondit maiſtre, qu'au contraire on luy peut reprocher & à luy & à ſes condiſciples, qu'ils n'ont iamais erré, ſinon entant qu'ils ſe ſont voulus pruſumer plus habiles que celuy duquel ils tenoient toute leur ſuffiſance.

quid enim contendat hirundo

Cycnis? aut quidnam tremulis facere artubus hœdi
Consimile in cursu poßint?

Ce qui seruira de preparatif pour descendre au second point debattu de l'effect des testicules, qui est la tension du cœur. Car l'authorité de ce fameux Stagyreã cõfirmee par l'experience commune, gaignera tousiours ce passe-droict sur les modernes qui osent deffier son ombre, qu'il faut bien que ceste tension soit de quelque efficace, puisque ceux qui en sont priuez par leur castration, deuiennent notoirement lasches, effeminés, sans force & sans vigueur ainsi que les depeint l'Arabe Habenzoar & Claudian en son poëme contre l'eunuque Eutropius.

Ne faisant rien à l'opposite ce que l'on arguë que les testicules ne dependent du cœur en droite ligne, ains par des arteres obliques, veu qu'au contraire ceste oblique sinuosité leur donne vn poids moins branslant, & l'establit plus ferme. Ce qu'il conuient toutesfois entendre sainement d'vn poids de la qualité que le porte nature, & non tel que le pourroient causer ces grosses pierres que les Palladins de Troye se iettoyent les vns aux autres, & qu'à peine cent hommes pourroient soubsleuer du nombre de ceux.

Qualia nunc hominum producit corpora tellus.

Reste donc le troisiesme effect attribué aux glandes testiculaires, par ce tant de fois renommé Philosophe *problem.* 24. *sect.* 4. qui est l'arrection Ithyphallique dont ledit Sieur Archiatre ne demeure d'accord, ains aime mieux l'imputer à l'orgasme des esprits vitaux, depuis qu'ils sont esmeus & eschaufez. Dequoy l'Appellant estime auoir subiect de se fortifier, pour en induire que si les testicules n'aident à bander le rouët de Lampsaque, ou s'ils y contribuent par la sympathie & correspondence qu'ils ont auec les vaisseaux spermatiques, en tout sens, au defaut de l'apparence d'iceux on ne peut accuser vn homme d'impuissance.

Veu l'exemple naturel representé par ledit Aristote, de tant d'oiseaux, de bestes & de poissons, auquel vainement on oppose que leur procreation est manque & imparfaicte. Car de vray il y a bien des insectiles de ceste qualité, neantmoins pour le commun des autres animaux, les philosophes & Medecins recognoissent, que l'ouurage de la generation leur est plus entier, plus naturel & moins sophistique qu'aux hômes. Aussi les Iurisconsultes parlans du droict naturel, & alleguans pour exemple la conionction des deux sexes,

Bruta quoque istius iuris peritia censent:

& Lucrece nous y renuoye serieusement, liure 4. de ses naturelles, estimant que la conception se feroit plus à l'ayse

-more ferarum, Quadrupedúmq; magis ritu.-

Tellement que ledict historien Anatomicque ne deuoit pas trouuer si estrange, ce qu'Aristote aux passages pre-alleguez, auroit certifié d'vn Toreau, qui à l'instãt de son exsection emplit vne genisse de sperme generatif: qu'il en osast prendre la hardiesse de luy reprocher la foy Grecque, & l'accuser comme de faux rapport. Car si c'estoit vn croire le fault au barreau Romain, depuis que Caton d'Vtique auoit dit quelque chose, & si les Atheniens firent bien cest honneur au Philosophe Xenocrates, que de luy adiouster foy sans iurer: peut estre qu'enuers tous equitables arbitres, le prince des Peripateticiens ne se trouuera digne de moindre prerogatiue, veu que les Cabalistes & Pithagoriciẽs prenoiẽt à iniure, ſi on oſoit repliquer ſur leur αὐτὸς ἔφα.

Auſſi eſtoit-ce le plus court dudict Antilogiſte d'entrer en ceſte denegatiõ preciſe de l'hiſtoire ſuſdite, & nõ de la vouloir cõbattre par raiſons. Cõſideré que celle qu'il obiecte que le ſperme auoit peu eſtre elabouré auant la ſection, reçoit quelque apparence, mais comment eiaculé ſans teſmoins, c'eſt où giſt le nœud de la diſpute

Has tuus ad metas tendat oportet equus.

Et quant à ce qu'il adiouſte que la douleur de l'exciſion qu'iceluy Toreau auoit ſoufferte, ne luy pouuoit bonnement permettre ladite ſaillie, d'autant qu'il y eſt beſoin de l'ecſtaſe d'vne ample volupté. Auquel propos il auoit moyen d'alleguer l'exemple de ce ieune Martyr dõt parle ſainct Hieroſme en la vie de S. Paul l'Hermite, qui tenté de la concupiſcence, à laquelle le prouocquoit vne fille de ioye, auec laquelle on l'auoit garotté, ſe tronçonna la langue, afin que la ſouffrance de ceſte douleur, amortiſt la chaleur dont il ſe faſchoit d'eſtre eſpris, *ſicq; ſuccedens doloris magnitudo libidinis ſenſum ſuperaret.*

La reſponſe eſt qu'Ariſtote parle d'vne

faillie faicte à l'instant de l'excision, & le faut entendre ainsi auant que les vaisseaux ia priuez de leur continuité eussent faict leur retraicte. Or c'est chose certaine que le corps offensé n'a pas tout à coup le ressentiment de son mal, ains seulement apres quelque pause & interualle, quand les sens auparauant demy estourdis commencent à se resueiller comme d'vne profonde lethargie. Iamais homme ne descriuit mieux ceste ecstase qu'Ouide en ces vers exprimans la passion d'Hecube.

Troades exclamant, obtumuit illa dolore,
Et pariter vocē lachrymásq; introrsus obortas
Deuorat ipse dolor, duróque simillima saxo.
Torpet & aduersa figit sua lumina terra:
At simul exarsit tanquam regina maneret,
Vlcisci statuit pœnæq; in imagine tota est.

Que si nonobstant toutes ces reparties, l'assaut demeure tousiours aux portes du Lycæe *& amat aliam victoria curā.* Comme on nous ha laissé par escrit qu'vn Sybaritain voyant recourir son seruiteur à l'asyle des dieux, pour cela n'en fit compte, ains seulement quand il le vit recourir aux sepulchres de ses parens, lesquels il reputoit luy deuoir estre & plus chers & plus proches. De mesme, si ledict sieur Archiatre estime l'opinion d'Aristote si esloignee de nous pour son antiquité, qu'il soit besoing de se cõformer de plus pres aux nouuelles experiences de ceux de nostre siecle. Pour le moins est-il vraysemblable qu'il prendra donc en payement sur ceste matiere la deposition d'vn sien Collegue tesmoing de veüe & d'oüye, & qui ha escrit de choses aduenues en leur temps, & en leur mesme estude.

C'est Cabrol excellent Chirurgien de Mont-pellier, duquel il fait honorable mẽtion au 9. ch. du 7. de sadicte histoire Anatomique: lequel Cabrol rapporte en vn siẽ liure de presque semblable inscription, qu'ayant par luy faict en ladicte ville de Montpellier, & en presence des plus celebres Medecins d'icelle, la dissectiõ du corps d'vn soldat condamné à mort audict lieu pour le rapt par luy commis en la personne d'vne fille impubere. Par ladicte Anatomie fut trouué qu'encores que ledit soldat n'eust aucuns testicules ne dedans ne dehors, toutesfois ses vaisseaux spermatiques parurent aussi pleins que d'aucun homme parfaictement viril dont ils eussent memoire.

Ad-

Adiouste ledict Cabrol qu'au mesme païs luy ayant esté presenté vn ieune homme que ses parens vouloient faire d'Eglise, comme le reputans inhabile au mariage faute de testicules apparens. Luy au contraire par sa physiognomie l'apperceuant d'vn naturel gaillard, & ne tenant rien de l'effeminé, leur conseilla de le marier, ce qu'ils firent, & dudit mariage exempt non moins de coulpe que de suspicion yssit nôbre d'enfans.

D'où ce fameux Chirurgien collige pour l'opinion d'Aristote pre-alleguee, & laquelle mal à propos les enfans ou disciples des medecins modernes taschent à bannir de leur Epidaure, que les testicules ne font autre office que de contre-peser le cours & attraire la serosité de la semence, non que sans iceux l'œuure de la generation soit du tout impossible.

Mais plustost Fernel ce grand Fernel à qui la France ha peut-estre porté quelques medecins pour luy comparer, pas vn pour luy preferer, traictant ceste question resoult absolument, *Neque facultatem, neque vim generantem in testibus collocandam esse, sed hæc propriè totius esse corporis, eorum animalium exemplo quæ in corporis vniuersi calore & spiritu generant nullo semine profuso.*

Ce qui se confirme d'ailleurs par ce que Psellus au recit de Cardan certifie des Demons, qu'encores qu'ils n'ayent ne verge ne tesmoins, si ne laissent-ils d'estre capables de l'emission gonorrheique : Et où on voudroit dire telles choses sur-naturelles ne deuoir estre tirees à consequence. Du moins prendrons nous pied sur ce qu'asseure Hippocrate au liure de la superfœtation, que nonobstant la liaison de l'vn ou l'autre des testicules, le coït se parfaict, & que si c'est le gauche le masle s'en produit, si le droict s'engendre la femelle.

D'autant que cela sert à refuter le rapport de ces Podalires qui ont voulu dire sur la visite de l'Appellant, que les testicules renfermez dedans ne peuuẽt auoir leur circõuolution, ou qu'ils eiaculent interieuremẽt, par consequent ne sont prolifiques. Car quant au dernier on sçait quel peut estre le conduict Vretere & Spermatique : & quand au premier obiet à plus forte raison ledict contour peut-il estre empesché par le susdit ligament, & toutefois Hippocrate ne doubte nullement pour tout cela que l'œuure de narure n'en puiſſe eſtre accomply.

Auſſi Galien *lib. 6. de vſu partium*, *&* 6. *de plantis*, n'a iamais voulu mettre les teſticules entre les parties principiantes & metropolitaines du corps humain, pour ce que l'exiſtence n'en eſt point neceſſaire puiſque ſans iceux les eunuques peuuent viure, qu'ils n'ont nulle matiere qui ſe cõmunicque à la totalité du corps, nuls eſprits, nuls vaiſſeaux & nulles facultez : car l'animale a ſon ſiege au cerueau, la vitale regne au cœur, & la naturelle ſe deriue du foye, nulle des teſticules.

Cela meſme ſe iuge par leur qualité, car ce ne ſont que glandules inanimees, qui ne font aucune operation, ains ont vne ſimple attraction qui leur ſert de nourriture : teſmoin Galien liure 3. *de alimentis*, & Hippocrate περὶ ἀδένων. Et entant que l'on veut diſtinguer, entre les glandules & corps glanduleux, c'eſt vn ſophiſme ſemblable à celuy des Iuriſconſultes, duquel ſe rit Senecque *qui negant hæreditatem vſucapi poſſe, corpora hæreditaria ſic* : cõme ſi vn corps n'eſtoit pas reputé glanduleux en ce qu'il retient de la nature & qualité de la glande, tout ainſi que le corps hereditaire eſt reputé heredité en ce qu'il fait part de la ſubſtance d'icelle, & en retient les marques.

Mais ſoit qu'on tienne les teſticules pour glandes ou pour corps glanduleux, tant y a qu'on demeure d'accord qu'ils n'ont aucune cauité pour receuoir la ſemence: & ne faut point dire que puis qu'ils retiennent bien leur aliment ſans cauité, ainſi le peuuent-ils faire du ſperme. Car la raiſon n'eſt pareille de l'vn à l'autre, en ce qu'ils reçoiuent la nourriture toute parfaicte & elabourée, mais du ſperme on pretend qu'ils en ont l'opifice, ce qui requiert vne plus eſtroicte retention.

Ioinct qu'il y a pluſieurs parties du corps qui ne prennent l'aliment de leur propre vertu, ains ſeulement par communication de leurs proches voiſines. Ainſi le Poete Alcæus diſoit que le poulmon ſe trempe du breuuage non comme le receuant, ains pource qu'eſtant voiſin de l'eſtomach, il ſent la moiteur & fraiſcheur du breuuage par iceluy receu, ſelon que l'interprete le Medecin Nicias dans Plutarque *quæſt. 1. du 7. des Sympoſ.*

Finalement tous ceux qui attribuent

l'elaboration du ſperme aux teſticules, diſent qu'elle ſe fait par l'irradiation ou reflexion de la chaleur qu'ils renuoyẽt aux vaiſſeaux ſpermatiques. Ce qui toutefois ne ſçauroit eſtre, d'autant que l'irradiation ou repercuſſion ne ſe peut faire que par vn corps maſſif & ſolide. *Telum aliquod*, dit Tertulliã, *in petra conſtãtiſsimæ duritiæ librarum repercuſſo in eum qui emiſit reciproco impetu ſæuit*. Or les teſticules ne ſont point vn corps maſſif ne ſolide, ains tẽdre, mollaſſe & ſpõgieux ſans ſãg & ſans chaleur ainſi que toutes autres glãdes, & tãt ſ'en faut qu'ils puiſſent par leur reflexion eſchaufer la ſemence, qu'au contraire Hippocrate ne l'appelle pour autre cauſe bruſlante & ignée, ſinon pource que l'orgaſme & impetuoſité d'icelle eſchauffe tout à coup les vaiſſeaux ſpermatiques.

Il y a plus, que l'Epididymis ou Auge ſur-iumelle qui couure la teſte deſdits teſticules, ſemble apparẽment pouuoir fournir toute ſeule a l'office de ladite irradiation. De fait que par mille & mille Anatomies touſiours ſ'eſt-elle trouuée pleine de ſperme blanc & elabouré, les teſticules iamais, ains ſeulement en les coupant par pieces, on en ha veu sortir quelques serositez. Ce qui confirme tousiours d'auantage l'opinion d'Aristote, comme n'estant hors de probabilité, que tout ainsi que le cerueau, le cueur & le foye ont leurs glandes emonctoires : le mesme soit il des vaisseaux spermatiques, & que lesdites glandes testiculaires leur rendent cet office que d'en attirer à soy le sereux excremẽt. Auec ce qu'ils leur peuuent seruir cõme de coussinets, qui est vne autre fonction des glandes que Nature à ceste fin se trouue auoir mises par tout allieurs où y ha separation de continuité, à fin que lesdits vaisseaux en soient plus doucement & mollement tapis & sousleuez.

Pour conclusion ledit sieur Archiatre, apres auoir bien disputé contre Aristote, & ne plus ne moins que les Thraces ietté ses sagettes en l'air contre l'esclat de ce fouldre inuincible, en fin venant a desduire son opinion, il la determine abruptement en ces mots. *Maximam eorum esse in habitu temperiẽ & moribus immutãdis facultatẽ, quod animalibus quæ diu Venere abstinuere turgent testes, quod refrigerati sterilitatem inducunt, quod sicut in plerisque partibus corporis alibi fit præparatio, alibi coctio ita & in testibus fieri possit.* Du premier chef de laquelle conclusion personne n'a douté, non pas mesme auparauãt que Theognis nasquist. Du second c'est la dispute qui gist pour parler auec Homere sur les genoux des dieux.

Et tandis qu'elle demeure indecise ou plustost que l'Appellant a cet auantage que d'estre fondé sur l'authorite du prince des Philosophes & des plus celebres Docteurs qui ayent iamais fleury en medecine & Chirurgie: quelle faute, quelle absurdité de croire que l'aphanie des tesmoins soit argument certain de l'impuissance d'vn homme, & que sur ce pretexte on puisse impunement dissoudre vn mariage?

C'est ce qu'il eschet maintenant de discourir par les raisons tirees de la Theologie, Iurisprudence, Droict canon & Philosophie morale.

Quand à la Theologie, si nous voulons commencer dés l'institution de ce Sacrement faicte de l'authorité de Dieu & en l'estat de l'innocence de nos premiers peres deslors fut prononcé que la seule mort de l'vn ou l'autre des conioints les pouuoit deliurer du ioug de mariage.

Et comme ſi Dieu preuoyant l'inclination naturelle du futur ſexe feminin à ce qui ſeroit de l'œuure de la generation, luy euſt voulu impoſer ce frein de n'exiger du mary la debte coniugale, *niſi quatenus facere poſſet*, comme parlent les Iuriſconſultes, il auroit apres le peché prononcé cõtre les femmes, en la perſonne d'Eue ceſte effroiable & irreuoquee ſentence אל אשך תשוקתך *Erit concupiſcentia tua ad deſiderium viri tui cap. 3. gen.*

Vray eſt qu'en ceſt endroit le texte vulgaire de la Bible lit *eris ſubiecta viro & ipſe dominabitur tui*, qui reuient aucunement à l'autre, mais la verſion literale au pied du texte Hebraïque eſt plus ſignificatiue pour demonſtrer que la concupiſcence de la femme doit eſtre bridee au vouloir & pouuoir de ſon mary, attendu qu'il eſt chef d'elle, qu'il eſt comme dit Medee dans Euripide δεσπότης τοῦ σώματος, qu'il a ſon corps en ſa diſpoſition & non elle reciproquement, comme naturellement le ſubiect eſt inferieur en pouuoir que ſon ſeigneur & maiſtre.

Que ſi nous liſons le diuorce permis aux Iuifs par le 24. du Deuteronome, & chap.

de Iosephe au 4. de ses Antiquitez, nous le deuons prendre, comme permis & indulgé pour la dureté du cœur de ce peuple, non comme approuué, ainsi que nostre Seigneur nous l'auroit enseigné de sa bouche, dans S. Matthieu chap. 19. S. Marc, 10. & S. Luc chapitre 16. S. Paul en la premiere aux Corinthiens chap. 7. & ailleurs.

Et encores ne trouuerõs nous point, que en toute ladicte ancienne Loy, se soit faicte aucune dissolution pour cause de pretenduë impuissance de mary, ou sterilité de sa femme, ains au contraire les mariez reduits en ce malheur, auoient recours aux prieres & œuures de penitence, recognoissans que tel defaut de lignee procedoit de l'ire & malediction de Dieu, *Deuteron.* 7. *Reg.* 1. *cap.* 1. *Psalm.* 117. *Lucæ cap.* 1. Philon le Iuif au traité des loyers & des peines.

Que si de ce pas nous descendons à la loy de l'Euangile, ce point nous y demeurera pour constant & arresté, qu'il n'y a nulle cause en icelle, pour raison de laquelle ce grand & ineffable Sacrement en nostre Seigneur Iesus Christ & son Eglise puisse estre dissolu. *Pau. ad Ephe. cap.* 5.

Car ce qui est dit és passages de S. Matthieu, S. Marc, & S. Luc pré-alleguez, que l'homme peut reietter sa femme pour cause de fornication, cela s'entend de la seule separation du lict, comme l'ont entendu S. Paul au passage pre-cotté, S. Ierosme *in epitaphio Fabiolæ*. S. Ambroise *ad Rom. cap*. 7. S. Augustin liure *de nuptiis & concupiscentia*, & comme l'a decidé tant le Concile Mileuitain can. 17. que le dernier Oecumenique tenu à Trente Sess. 24. can. 7. & non que pour ceste separation du lict, le Sacrement du mariage soit du tout resolu.

Ains au contraire, telle & si grande est la force de ce lien, que mesmes encores que les conioincts des-mariez soient conuolez en de secondes nopces, toutesfois selō l'authorité de S. Augustin, *potius inter se coniuges sunt etiam separati, quàm inter alios quibuscum adhæserunt*. Tellement que s'il appert par apres que sur fausses preuues, ou precipitammēt le premier mariage ait esté annullé, force est aux premiers conioincts, à peine de crime de consciēce, de retourner ensemble, pource que tout ainsi que l'ame apostasiée de la foy ne perd le Sacrement d'icelle, ny aussi les conioincts separez l'vn de l'autre. *Lombardus distin*. 31. 4. *senten. can.*

requisiuisti 33. quæst. 1. can. vsque adeo. 32. q. 7.

Mais ce qui semble de plus admirable sur ce subiet est, que ce sacré ioug dure mesmes apres la mort, comme nous pouuons recueillir de la question faite à nostre Seigneur par les Sadduceens, de la femme des sept freres, sçauoir auquel d'iceux luy faudroit se reioindre au iour de la future resurrection, dans S. Matth. chap. 22. Et pour ceste cause par tous les Royaumes & Republiques mieux policees, les vefues apres le trespas de leurs maris, iouissent des mesmes honneurs, priuileges, preeminences, & prerogatiues que s'ils viuoient encores, pource que par leur decés ce nœud gordien, ceste chaine aimantine, & ce lien si ferme n'est reputé rompu. *l. filij §. vidua. ff. ad municipal. §. non tantùm auth. de nupt.*

D'où peut estre l'Empereur Commodus prit subiect d'ordonner que Lucilla veuue de l'Empereur L. Verus, ores qu'elle se fust remariee à vn Cheualier Romain de moindre condition que son mary defunct, retiendroit neantmoins le mesme estat que elle portoit du viuant d'iceluy, selon que l'escrit Herodian au premier de son histoire, qu'elle se vestiroit d'ornemens imperiaux, garderoit sa mesme place au theatre, & que le rechault de feu (marque principale de souueraineté) seroit porté deuant elle à la maniere accoustumee, comme si nonobstant ses secondes nopces, son premier mariage eust encores duré.

Exemple certainement de grande emphase, & neantmoins ce qu'obserue Tacitus des femmes des Allemans, semble dautant plus admirable, que grande estoit la differẽce d'entre les mœurs ciuiles & agrestes de l'vn & l'autre peuple, de dire qu'elles auoient ceste louable institution *sic accipere maritum quomodo vnum corpus, vnámque vitam, ne virum tanquam maritum mortalem, sed tanquam matrimonium amarent perpetuum.*

Vray subiect pour lequel plusieurs veufues celebrees par les monimens de l'antiquité ne se seroient onc voulu remarier, comme ceste Valeria, qui souloit auoir en bouche, que son espoux quoy que mort aux autres, tousiours viuoit en elle, comme ceste Marcella de S. Hierosme, qui veufue à sept mois, continua l'estat de sa viduité iusqu'au dernier souspir, ou ceste deuote Saluina, *quæ mortem Nebridij sui sic tulit, vt eum crederet profectum non amissum.*

Estant facile à presumer delà, que les bonnes mœurs desquelles on les auoit imbuës & qui valloient plus enuers elles, que enuers infinies autres les sanctions des loix, leur auoient aisement imprimé en l'esprit, ce qui est grauemẽt discouru par Iustinian, *§. quæ verò authent. de nupt.* que les ames des maris conçoiuent vne indignation extreme contre ces veufues qui leur font ceste iniure, que de repromettre ou remarier à vn autre la foy coniugale, laquelle ils auoient toute prise pour eux pendant leur vie, laquelle ils veulent auoir encores mesmes apres leur trespas.

Quæ cura & cineri spirat iniusta suo.

Tesmoin ce qu'expose Iosephe au liure second de la prise de Hierusalem chap. 6. que la Princesse Glaphyra veufue en premieres nopces d'Alexandre fils d'Herode, s'estant depuis remariee au tetrarque Archelaus, l'ombre dudit Alexãdre indignee de ce tort, apparut en songe à ladite Glaphyra, & luy fit reproche de ses secondes nopces, auec asseurance qu'elle n'en iouïroit long temps, ce qui aduint, pource que elle mourut fort peu de temps apres.

Veu qu'au cõtraire S. Gregoire de Tours

nous a laissé par escrit au chapitre 32. de la gloire des Confesseurs, qu'vn senateur de Dijon nommé Hilarius, & enterré au chasteau dudit lieu, eut tant de ioye & de contentement de ce qu'apres son trespas, sa femme luy auoit gardé le lien de leur mariage sacré-sainct & entier, que comme apres la mort d'icelle, on la voulut enterrer auec sondit mary, & qu'à ceste fin on commença à leuer le couuercle de la tombe, on vit le defunct miraculeusement hausser le bras pour l'accoller & embrasser. Argumẽt certain que la foy coniugale resiste à la mort mesme, bien que toutes autres choses cedent à l'empire d'icelle. Et comment donc, si ce n'est par quelque monstre ou prodige, du viuant des conioints se peut elle dissoudre?

Car nous colligeons des textes de l'Euãgile pre-allegués, notamment dudit chap. 19. de S. Mathieu, que nostre seigneur se trouua comme en peine, quand luy faillut excuser son Moyse de la permission du diuorce par luy baillée au peuple des Iuifs.

En consequence dequoy, tant s'en faut que par la loy Euãgeliq; abrogatoire de celle dudit Moyse, on puisse reputer les hommes, en qui les orchies n'apparoissent, pour incapables de ce grand Sacrement de mariage, qu'au cõtraire nostre Seigneur audit passage ayant constitué trois especes d'Eunuques, de ceux qui sont naiz tels dés le vẽtre de leur mere, de ceux qui ont esté chastrez par autruy, & de ceux qui se sont chastrez eux mesmes pour le Royaume des cieux, refute tout doucement l'obiection qui luy auoit esté faite par ses Apostres disans qu'il n'estoit expedient à l'homme de cõtracter mariage, s'il n'auoit permission de s'en distraire quãd bõ luy sembleroit. Vray est qu'il adiouste *nõ omnes capaces sunt dicti huius, sed ij quibus datũ est, qui potest capere capiat.*

Comme si nostredict Seigneur, & apres luy S. Paul au chap. pre-allegué de la premiere aux Corinth. pretendoient faire sçauoir par ceste maniere de parler ainsi abrupte & retrãchée, qu'en l'anciẽne Loy la generation estoit tres-necessaire, tant pour la multiplication du Monde, qu'aussi pource qu'il falloit que par continuation du sang és familles, le souuerain Messie en prist sa naissance & origine.

Mais auiourd'huy qu'il est venu, que *tempus videtur in collecto*, & qu'il faut remplir le

Ciel de vierges, comme les nopces Iudaïques remplissoient la terre de peuple fecond, telle obligation precise à la generation, n'est plus si necessaire: Non que sur ce pretexte les mariez se doiuent refuser mutuellement la debte coniugale, mais qu'en defaut de lignée, ils ne diuorcent pas l'vn d'auec l'autre, ains supportant leur imperfection mutuelle *sint tanquam non nubentes*, & viuent comme frere & sœur, s'ils ne peuuent viure comme mary & femme: A quoy se rapporte ce qu'escrit Tertullian *de spadonibus voluntariis propter Christum factis*.

Que si au contraire ils peuuent viure comme homme & femme, ainsi que l'intimée a recogneu au fait qui s'offre, auoir eu la cohabitation de l'appellant son mary, ne faut nullement douter que le mariage ne soit prou consommé, ores que la lignée ne s'en soit ensuiuie si tost: Car il ne peut estre vn plus parfait mariage que celuy de Iesus Christ auec son Eglise, & neantmoins cõme dit Arnulphus Euesque de Lizieux, qui florissoit y a quatre cens tant d'annees, en son Sermon *in Synodo*, la consommation ne s'en fera qu'en l'autre siecle, lors qu'il sera dit, *Media nocte clamor factus est, ecce sponsus venit.*

Bref

Bref pour conclurre ce point de Theologie, *Domin. de Soto* ſur le 4. des ſentences *diſtinct.34.quæſt.1.articulo 2.Silueſter ver. matrimonium.8.§.16. & Petrus Paludanus* grand Theologien ſ'accordant auec eux decidẽt que celuy qui n'a aucuns teſticules apparens, pourueu qu'il ne ſoit chaſtré ne exſequé, doit eſtre cenſé capable du mariage, pource qu'il a la vertu & faculté generatiue actuellement, ores que non parauenture effectuellemẽt, car ce ne peut eſtre qu'vn vice accidentaire de ſterilité, pour lequel ne ſe peut ny doit diſſoudre vn mariage, *can. non enim 32. quæſt.1.can. nõ ſolet.32.quæſt. 4. can. penult. & ſeq.32.queſt.7.*

Veu meſmes que S. Thomas paſſant plus outre 3.*parte ſummæ queſt.* 58.*artic.*10. tient que l'acte du coit n'eſt point de l'eſſence du mariage, ains ſeulemẽt la puiſſance au coït, qui fait qu'ẽ contractãt mariage n'y a point eu d'erreur de la femme en la croyance de l'habilité de l'homme aux œuures d'iceluy, en conſequence dequoy, ne peut il poſterieurement eſtre reſolu, pource qu'il a ſubſiſté dés le commencement. *D. Thomas*, 3. *parte ſummæ queſt.*58.*arti.*10.

L'opinion duquel enſemble dudit Soto

au paſſage pre-allegué, ſemble eſtre fondée ſur la gloſe du Canon *hi qui 32. queſt. 7.* qui decide, & de laquelle deciſion Panoime ſ'eſt mal à propos departy pour ſuiure pluſtoſt l'erreur commun, que le vray ſens de la gloſe, diſant que ſi *ſpado habet virgam arrectam ſiue reſoluat ſperma, ſiue nõ, quod ſit ibi matrimonium, nam talis ſatisfacit mulieri, ſicut mulier ſatisfacit viro, ſiue reſoluat, ſiue non, nec ſemper requiritur quod in matrimonio ſit filiorũ procreatio, quia ſufficit, quòd non euitent prolẽ, can. ſolet. 32. queſt. 2.*

Ce qui eſt decidé encores en plus forts termes par le Pape Celeſtin 3. *au chap. debitum de Bigamis*, ſçauoir qu'encores que les conioincts n'ayẽt eu la compagnie l'vn de l'autre, le ſignacle & character e du mariage demeure touſiours, que c'eſt *ratum & legitimum matrimonium*, comme dit le Canon, *ſi quis Iudaice. 28. queſt. 1.* partant que tel mariage adiouſté à vn autre, feroit vne vraye bigamie. Qui eſt bien pour refuter l'opiniõ de ceux qui oſent tenir contre tout droict & contre toute raiſon qu'où il y ha de la pretenduë impuiſſance, le mariage eſt reputé pour nul retroactiuement & comme non aduenu.

En quoy cõme tous les arts & facultés ont vne mutuelle correſpondãce & affinité entre elles, auſſi la Iuriſprudence, de laquelle maintenant eſchet parler, ſymboliſe & ſ'accorde fort auec la Theologie, quoy que les Iuriſconſultes la plus part ayẽt veſcu payens: mais le mariage a touſiours eſté en tel reſpect enuers toutes nations, tant policées, qu'agreſtes & barbares, qu'elles auroiẽt preſque ſur le ſubiect d'iceluy ſuiui d'vn commun accord, ce qui eſt des plus ſecrettes notions de la nature.

Quand le Iuriſconſulte demande ſi le mariage auec le ſpadõ eſt vallable, il diſtingue comme le Theologien ſur S. Mathieu chap. 19, ſi c'eſt vn chaſtré (car ſpadon eſt le nom general comprenant ſoubs ſoy les Eunuques, chaſtrez, Thilibies, Thlaſies & autres, *l. ſpadonum. ff. de verb. ſignific.*) ſi dõc c'eſt vn chaſtré, le mariage qu'il contracte doit eſtre cenſé nul, pource qu'il eſt reputé pour incapable de la generation.

nec arrigit ipſe
Et queritur pariat, quòd ſua Polla nihil?

Encores que l'Eſcriture ſaincte nous teſmoigne que Putifar Eunuque de Pharaon eſtoit marié, pource dit Rabi kimhi, qu'il n'auoit la verge couppée, que Philoſtrate parle d'vn Eunuque Babylonien ſurpris ſur le fait du coït, & que le Philoſophe Phauorinus ſe ſoit autrefois vanté que tout Eunuque qu'il eſtoit, on le ſoupçonnoit d'adultere, comme auſſi Cyrillus dans Suidas aſſeure que tels Eunuques, pourueu qu'ils ayent eſté exſequez ſur le tard, retiennent beaucoup de la faculté du coït, & ſont fort ardens à l'acte Venerien εἰοθότες ἀσελγαίνειν ἀμέτρως καὶ ἀκολασταίνειν ἀναιδῶς καὶ ἀκορέστως.

Mais tant y a que puis que telle eſt la commune notion du droict des gens que ces chaſtrez ſont incapables de la generation, nous tiendrons pour reſolu que ce ſont ceux que l'vn & l'autre ſexe a de couſtume d'auoir en abomination, ſont ceux que les Grecs appellent demy-hommes demy-femmes, ny hommes ny femmes, ſont ceux a qui Dieu deffẽd l'entrée en ſon temple *Deuteron.* 23. ſont ceux que les conſtitutiõs canoniques prohibẽt d'eſtre promeus aux ſainctes ordres, que les loix ciuiles repouſſent & reiettent des charges publiques.

Sont ceux que les Orientaux confinoiẽt aux cabinets de leurs femmes, d'où les Hebreux les ont appellez סריסים *quaſi principes gynæcæorum* ſelõ que l'interprete Rabi Helias, & qu'il eſt obſerué plus amplemẽt par Ammian Marcellin *lib.* 18. ſont ceux que pour ceſte cauſe Accurſe dit eſtre propres à garder les Dames ſubiettes à leur plaiſir *gloſſ. l. ſin autẽ. ff. de ædil. edict.* qui par tout ledit tiltre ſont appellez mal-ſains & vitieux *l.* 7. *& all. ff. eodem.* à qui l'Empereur Leon deffend le mariage par ſa conſtitution 98. expreſſe à ce, des nopces deſquels Iuuenal & Martial ſe rient, les comprenants quelquesfois ſoubs le nom general de ſpadons *cùm tener vxorem ducat ſpado*, bref dont Ouide dit en l'Elegie 3. du 2. de ſes amours.

Hei mihi quod dominã, nec vir, nec fœmina ſeruas.
Mutua nec Veneris gaudia noſſe potes,
Qui pueris primus genitalia membra recidit.
Vulnera quæ fecit debuit ipſe pati.

Telle eſpece d'Eunuques ou ſpadons eſt ſans doute incapable du mariage & de l'œuure de la generation, comme le traicte elegamment Theophile au §. ἐκ τῆν κοινωνίαν *de adopt.* aux Inſtitutes, ce qui les rend auſſi incapables de l'adoption, *quod naturam imitetur l. 2. ff. de adopt.*

Mais quant aux ſpadons non mutilez ne

exſequez, qui neantmoins ne ſont nez que auec vn teſticule ou auec deux non apparens, toute la Iuriſprudence reſoult qu'ils ſont capables du mariage. *l. ſi ſerua.* §. 1. *de iure dotium*, qu'ils peuuent adopter *D. l. 2.* que ils peuuent faire teſtament & inſtituer heritiers, *l. ſed eſt quæſitum ff. de liberis & poſtumis, quoniam nec ætas nec ſterilitas ei impedimẽto eſt, ſecus in caſtratis*, qu'ils peuuent manumettre *matrimonij cauſa, l. alumnos. ff. de manum. vindict. ſecus in caſtratis*, que tels ſpadons peuuent eſtre chargez de tutele, qui eſt vne fonction virille *l. 1. C. de excuſat. Tuto.* bref qu'ils peuuent tenir rãg entre les gens de guerre, *l. qui cum vno ff. de re milita.* & pourquoy-non combatre ſoubs ces drapeaux à la faueur deſquels

Militat omnis amans, & habet ſua caſtra Cupido?

La raiſon eſtant fondee ſur ce que dit Theophile au paragrafe pre-allegué: Harmenopule liure 3. tit. 8. Antonius Auguſt. liure 3. chap. 5. ſçauoir que le ſpadon nõ reſequé n'a pas vn empeſchement perpetuel pour la generation, ains temporaire ſeulement, lequel venant à ceſſer, il peut ſuffire aux œuures du mariage. τοῦ παθοῦς ἀπαλλαγέντος ἐν τοῖς γονίμοις μορίοις παιδοποιοῦσι. Et à ce propos Strabon escrit des Indes, qu'ils ont des Medecins stipendiez pour ayder & medicamenter le vice ou empeschement qui peut estre aux personnes mariees de n'engendrer enfans, Geograph. lib. 15.

Comme aussi nous est-il à pareille occurrence tesmoigné par Hippocrate au liure de la diuersité des airs, des eaux & des pays, que les Scythes ne sçachans à quoy attribuer ce que la plus part d'eux sont aspores & impuissans, sinon à vne espece de vengeance diuine, ils sacrifient tous les iours force Hecatombes aux Dieux, pour tascher à se rendre habiles aux œuures de la generation.

Combien que le mesme Hippocrate en impute la cause au climat & a l'habitude de ce peuple, qui estant presque tousiours à cheual sans estriers, & souffrant par ce moyen d'excessiues lassitudes, est coustumier pour icelles sopir de se faire couper les veines parotides, & se laisser escouler le sang par ceste incision: D'où vient l'impuissance à laquelle pour la plus part ils se trouuent subiects.

Mais tant y a qu'ils ont ceste creance,

que soit par l'imploration du secours diuin, ou par l'industrie des hommes, tel vice ou empeschement, quoy qu'ordinaire à eux, peut auecques le temps receuoir guarison. Pourquoy donc selon le dire de Theophile & d'Harmenopule au paragraphe & tiltre pre-allegué, vn Spadon nay sans testicules apparens, n'auroit-il mesme esperance & que les testicules luy puissent descendre, si les nerfs suspensoires le permettent, soit deuant ou apres sa puberté acquise? Car qui peut imposer ceste loy à la Nature quelle les doiue tousiours faire descendre deuant? & quel subiect de ne les vouloir attendre apres, puis que comme disoit elegamment Palladius, *æternitati naturæ nulla tarditas potest afferre fastidium*?

Que si nonobstant ce mal commun de froideur & impuissance, les Scythes ne laissent de contracter mariage, pourquoy vn Spadõ non exsequé en seroit-il incapable? veu mesmes ce qu'escrit Accurse en ladicte Loy *si seruus* que tel spadon a les facultez genitales, & selon qu'il est chauld plus ou moins, a vne semence prolifique, ou s'il ne l'a telle, que c'est vn vice accidẽtaire de sterilité qui ne peut dissoudre vn mariage?

A cela

A cela merite d'estre adioustee la celebre consultation du Docteur NAVARROIS, qui par sa parfaicte cognoissance en l'vn & l'autre droict, ha nagueres illustré les plus fameuses vniuersitez de l'Europe, duquel on peut dire a l'esgard de ceux qui se sont voulus ou veulent encores mesler de semblable profession, que c'est vn vray soleil entre vne volee d'ombres.

οἷος πέπνυται τοὶ δὲ σκιαὶ ἀΐσσουσιν,

attendu qu'il ne se void rien de plus ferme ne plus solide que ses Decisions:

Cuius & extincti propter diuina reperta
Diuulgata vetus iam ad cœlum gloria fertur.

Ce Nauarrois donc rapporte soubs le tiltre *de frigidis & maleficiatis* du 4. de ses Conseils, liure de tant plus grand poids, que par vne prerogatiue surpassant la vieillesse d'Isocrate, il certifie l'auoir escrit au quatre vingts onziesme de son aage, & lors qu'il auoit la parfaicte resolution des matieres par luy publiquement traitees l'espace de pres de cinquante ans és plus insignes escholes d'Espaigne & d'Italie.

Rapporte (dis-ie) que lors qu'il residoit & enseignoit à Rome, luy fut enuoyé de Castille vn memoire contenant deux queſtions, dont toutes les particularitez ſe rencontrent au faict qui s'offre, de ſorte qu'elles luy font vn ſingulier préiugé, & vient fort à propos ſelõ le vieil prouerbe, que ces deux parois neuues *de eadẽ dealbẽtur fidelia*.

La premiere touchant vn homme nay ſans teſticules apparens, qui auoit du commencement entretenu vne femme par affection maritale, & du depuis ſe voyant en auoir eſleué quelques enfans, eſtoit paruenu iuſques au Sacrement de mariage, auoit veſcu auec elle en commun meſnage l'eſpace de dixhuit ans ou enuirõ, & touſiours de plus en plus multiplié d'enfans par luy recogneuz tels, & ſans s'eſtre iamais en rien plainct de ſa femme.

Toutesfois apres tout celà, ſur vn ſcrupule qui luy fut mis en teſte, qu'attendu l'eſtat de ſa perſonne pretenduë inhabile à la generation, ſon mariage eſtoit nul & non vallable, & qu'il y alloit du peril de ſa conſcience, il reſolut de s'eſclaircir au vray s'il le pouuoit faire annuller ou non.

La deſſus il ſe pouruoid pardeuers l'official du lieu de ſa demeure, auquel il deſcouure l'eſtat de ſa perſonne,

---& tremulo ſcalpantur vbi intima morſu,

l'Official ordonne qu'il ſera viſité par Medecins & Chirurgiens experts en ceſt affaire.

Ils le vïſitent, & font vn rapport duquel on pourroit preſque tranſcrire de mot à mot celuy de l'Appellant : Sçauoir qu'ils l'ont trouué ſans teſticules apparens, auec vne verge fort petite *neque maiore dimidiò digiti auricularis*, & concluent par là ſelon leur art (quoy que le grand nombre des enfans d'iceluy fiſt paroir du contraire) qu'ils le reputoient impuiſſant d'engẽdrer. L'Official demande aduis au predit Nauarrois de ce qu'il doit iuger ſur vn ſubiect ſi rare.

L'autre & ſeconde queſtion à luy propoſee eſtoit d'vn ſpadon nay pareillement ſans teſmoins qui paruſſent ; il y auoit dixhuit ans qu'il exerçoit les œuures du mariage, & ſon eſpouſe demouroit d'accord, que il auoit eu ſa compaignie par pluſieurs fois, mais que ſon emiſſion n'eſtoit que de ſeroſitez, de maniere qu'elle n'en auoit peu auoir enfans. La difficulté eſtoit de ſçauoir, ſi vn homme de telle qualité, pouuoit vallablement contracter mariage.

NAVARRVS apres auoir proteſté que l'vne & l'autre queſtion meritoit vne deciſion expreſſe du ſouuerain chef de l'Egliſe, & declaré qu'il s'y ſoubsmettoit, comme auſſi faict l'autheur de ce diſcours, & au meilleur iugement de tous ceux qui pourront d'aduenture

Clarius è tenebris tantis attollere lumen;

reſoult en fin que l'vn & l'autre mariage comme bon & vallable doit demeurer en ſa force & vertu: diſant telle eſtre auſſi l'opinion du reuerend Pere Michel de Medina en ſon liure *de Cœlibatu*, & de frere Ildephonſe de Veracruz *in ſpeculo coniugum.*

Sa premiere raiſon eſt que le Iuriſconſulte le determine expreſſement ainſi en ladite loy *ſi ſerua §. 1. de iure dotium*, & reprend ceux qui s'imaginent y deuoir eſtre apporté de la diſtinction, comme ſi Vlpian auoit ſeulement entendu parler de celuy qui eſt nay auec vn teſmoin, & non du ſpadon *cui tam neceſſaria pars corporis penitus abeſt*, duquel traicte ladite loy *ſin autem. ff. de ædilit. edict.*

Car ledit Nauarrus tient abſolumẽt que puis que ladite loy eſt conceuë en termes indefinis, auſſi doit elle eſtre entenduë indefiniement, pource qu'autrement ladicte diſtinction n'y euſt eſté omiſe. Et ce qui le fait croire est, que quand le Iurisconsulte a entendu parler de celuy qui *cum vno testiculo natus est, aut cui tam necessaria pars penitus abest*, il l'a bien sceu expressement designer. Tellement que puis qu'il ne l'auroit point fait en ladite Loy, la presomption est que soubs icelle il ait indefiniement compris tant l'vn que l'autre. *Distinctionem non faciens* (disoit Tertullian) *ostendit conditionis communionem, potuit enim constituere differentiam, sed quia nulla fuit necessitas distringendæ sigillatim vniuersitatis, ideo quam non diuisit tacendo inalterauit.*

Pour second moyen il propose qu'il n'y a ne Loy ne Canon, qui die que la puissance d'engendrer soit de l'essence du mariage, ains seulement la puissance au coït, & neantmoins par les deux especes prealleguees, & qui seroyent suffisantes pour faire perdre fonds & riue à tous les aphorismes des Medecins, on void d'vn costé vn spadon nay sans testicules apparens, & fourni seulement d'vne demie verge, auoir toutesfois nombre d'enfans tels par luy recongneus, pour le moins tels demonstrez par ses nopces, & d'vne femme de laquelle par l'espace de dixhuict ans & plus, il ne se seroit iamais plainct.

De l'autre part on void pareillement vn spadon de semblable qualité, duquel la femme recõgnoist l'arrection, intromission & eiaculation, sinon telle qu'elle en deust craindre les trauaux que les meres endurẽt l'espace de neuf mois, quand elles ont la compaignie d'vn homme,

Cui veneris membris vis omnibus exoriatur,

du moins suffisante pour le remede subsidiaire du mariage,

----ardorem in membris quod stinguere possit
Simul ac venas inflarit tetra libido.

Car ce fameux Docteur rapporte auoir appris des plus celebres Medecins d'Hespaigne & d'Italie, qu'il ne se peut faire que le spadon quoy que nay sans testicules apparens, & qui toutesfois a l'arrection & intromission ne plus ne moins que l'Appellant, n'ait aussi quelque forme d'eiection, sinon parfaicte & prolifique, du moins capable d'alleger la mutuelle intemperie des conioints, & de resoudre leur humeur seminaire. *Didici* (dit-il) *per huiusmodi spadones coïtum sedari siue tolli vel vitari tentationem & periculum fornicationis. Aiunt enim spadonem erigere potentem, etsi nihil seminet, aut non tan-*

tum quantum viri perfectiores, dissoluere tamen humorem seminarium, vt vterque eo exoneretur & ideo consequatur finem matrimonij, quatenus est remedium fornicationis.

Et delà conclud en cas de consciẽce, luy qui pour auoir long temps exercé charge honorable en la Penitencerie du Pape Pie quint & de ses successeurs, s'est par la confession de tous rendu admirable en ceste matiere: que le spadon de la qualité que dessus, peut sans scrupule habiter auec sa femme, & elle reciproquement auec luy, qu'ils peuuent se reblaudir & entre-donner toutes les caresses,

Quas pudor est quia nocte latent in luce fateri,
d'autant qu'encores que ce soit paraduenture sans esperance de lignee (qui est la fin principale du mariage) si est-ce exercer les œuures d'iceluy (subsidiairement) *quatenus est remedium: ideoque indemnis habetur ille coitus, quo exsiccatur vtrinque seminarius humor & copulæ sedatur appetitus.*

Autrement s'il y auoit du peril de la conscience en telle cohabitation, vraysemblablement ceux qui ont en main le gouuernail de l'Eglise, ne l'eussent voulu permettre, pour ce qu'on peut à meilleure raiſon aſſeurer des Chreſtiens ce que Philon & Ioſephe diſoient des Iuifs, que hors le lien du mariage, & encores vray non ſimulé mariage, toutes conionctions leur ſont illicites & deffenduës. Neantmoins les Papes Lucius & Cœleſtin au chap.4. & 5. du tiltre *de frigidis & malefic.* ne prohibent aux ſpadons de pouuoir cohabiter auec leurs femmes, ains les authoriſent à ce faire. Donc c'eſt vray mariage, encores que par aduenture ils ne puiſſent,

----coeundi tempore in ipſo
Miſcere humorem in corpus de corpore ductum:

d'autant qu'il n'y a ne loy ne decret, qui le requiere pour valider tel acte.

Ains au contraire ledit Nauarrus paſſant outre ſouſtient, que quand il ne ſe pourroit iamais trouuer de ſpadon, qui euſt la faculté d'engendrer ou d'eiaculer ſelon les Medecins (combien que les exemples preallegues façent breſche à leur Fort) Si eſt-ce que pourueu qu'il euſt l'arrection & intromiſſion dans le vaſe (ce que l'on ne reuoque en doute à l'Appellant ce luy ſeroit vn moyen peremptoire pour empeſcher la diſſolution de ſon mariage,

Car l'homme & la femme sont deux correlatifs qui ont vne systrophe & conuersiõ mutuelle comme le pere & le fils: le maistre & le seruiteur & infinité d'autres. Or en matiere de correlatifs les Dialecticiens & Iurisconsultes tiennent que pourueu qu'il y ait parité de raison, ce qui se determine en l'vn, se determine aussi en l'autre, ce qui est statué de l'vn, est statué de l'autre, & ce qui est destruit en l'vn, aussi l'est-il en l'autre *l. si cum dies §. penult. ff. de arbitr. l. Iulian. §. si procurator in f. ff. de act. emp. l. vlt. ff. de accepti. & l. vlt. de indicta viduitate tollend.*

Tellement que tout ainsi qu'il suffist à la femme, encores que le mariage soit denommé d'elle (comme partie pre-dominante en iceluy) d'auoir le vase capable de l'intromission virile, supposé qu'elle n'ait la force d'eiaculer ny de conceuoir, & que soubs pretexte de ce default, son mary ne pourroit rechercher contre elle la voye de rupture de leur mariage, selon que le decide Innocence *cap. intelleximus & cap. tua de adulterijs.* Ainsi est-ce assez pour le spadon qu'il puisse intromettre dans le vase, sans qu'il soit requis pour euiter à la dissolution de son mariage qu'il eiacule, ou se trouue auoir la puissance parfaicte d'engendrer,

Namque in eo spes est vnde est ardoris origo
Restingui quoque posse ab eodē corpore flāmam.

Et sur ce que peut estre les Medecins voudroiēt insister que les femmes des spadons ne seroient croyables à dire ou qu'elles eussent esté cognuës par eux, ou qu'ils leur eussent fait esprouuer partie des fonctions genitales, veu que la presomption commune est au contraire, & que de droict ne se faut arrester à vne confession, qui peut estre induite ou remise par le monopole & complot des parties *cap. super eo de eo qui cognouit consang. Panormit. cap. iurauit num. 4. de probat.*

La responce est qu'au contraire on leur doit en ce cas adiouster d'autāt plus de foy, qu'il est vray-semblable qu'elles seroient tousiours plus promptes à se plaindre de l'impuissance de leurs maris *ægrè suum ὄνχον recolentibus*, que non pas à se tenir pour contentes & satisfaites d'vn deduit.

Cuius amor nullum nouit habere modum.

Adiousté qu'eu esgard à la grande puissance & aux diuers effects que produit Nature, il est plus seur de prendre pied sur les indiuidus qui tombent soubs nos sens, & ietter l'œil sur ce dont on fait espreuue reelle & actuelle, que de s'arrester à des maximes scholastiques qui reçoiuẽt plusieurs fallences en la generalité de leurs Theses.

Aussi Aristote dit-il au 1. de ses Ethiques chap.4. que la Medecine n'a pas des idees vniuerselles pour son obiect, ains seulemẽt des indiuidus particuliers à la crise desquels luy conuient se restraindre πῶς γὰρ ἰατρικώτερος ὁ τὴν ἰδέαν τεθεαμένος : φαίνεται μὲν γὰρ οὐδὲ τὴν ὑγίειαν οὕτως ἐπισκοπεῖν ὁ ἰατρὸς ἀλλὰ τὴν ἀνθρώπου, μᾶλλον δὲ ἴσως τὴν τοῦδε, καθ᾽ ἕκαστον γὰρ ἰατρεύει.

Autrement à ne vaguer que sur les seules theses generales, sans faire poids sur les circonstances particulieres qui le plus souuent les destruisent, il en aduiendroit de tels abus & inconueniens, qu'ils pourroiẽt donner cause à la subuersion totale de la science mesme. Comme pour exemple on void aux hypotheses de ce discours, des spadõs anorchies, qui neantmoins contre toutes les regles de Medecine se sont trouuez capables des œuures du mariage. De sorte qu'il vault mieux & est beaucoup plus ſeur de paſſer pardeſſus ces theſes ſcholaſtiques, que de violer les loix de la Nature & meſcroire les ſingularitez diuerſes de la generation authentiquement conſignees és liures tant de l'Eſcriture ſaincte, que ſcience ciuile.

Car nous apprenons des 25. & 30. chap. de la Geneſe, que c'eſt en tels actes principalement que le ſouuerain Createur ſe plaiſt à manifeſter ſa diuine puiſſance. Cõſideré que voyant par luy le peu de compte que Iacob faiſoit de ſa femme Lia à cauſe de ſa ſterilité, & ayant compaſſion d'elle, l'eſcripture dit, que de ſa grace *aperuit vuluam eius* : Et comme Rachel luy en portant enuie diſt à ſon mary *Da mihi liberos*, Iacob luy reſpondit. *Num pro Deo ego ſum qui te priuauit fructu ventris tui* ? Tellement que Rachel s'eſtant reconciliee auec Dieu, & ayãt eu enfans. *Exaudiuit* (*inquit*) *Deus vocem meam dans mihi filium*. Recognoiſſans les vns & les autre par là, qu'en ce qui concerne l'œuure de la generation, les faicts de Dieu ſont incomprehenſibles, tant s'en faut qu'ils puiſſent eſtre inclus ſoubs les regles de medecine.

Or la main du Seigneur n'eſt point abbregee, *& cuius accidere quod cuiquam potest*, puis que c'est à son plaisir qu'il distribue ses graces, & qu'il en faut croire ce qui est de plus incroyable, veu mesmes qu'encores que naturellement *nulla virgo possit fieri prægnãs, nisi fractis pudicitiæ claustris*, toutefois S. Thomas tient le contraire *modò semen circũfundi possit, quodlibeto 6. artic.* 18. Tellement qu'eu esgard a tãt d'authoritez destructiues de toutes les maximes de medecine, ce seroit vne extreme absurdité de reietter les vnes & donner poids aux autres pour en vouloir dissoudre vn mariage.

Et encores pour le dissoudre, de se fonder sur vn rapport de Medecins ainçois de s'y arrester comme si c'estoit vn iugement de cas Preuostal auquel fallust obeir sans appel. Veu que si nous croyons Pline au 29. de son histoire chap. 1. la Medecine est de toutes les sciences la plus incertaine, plus inconstante & plus fallacieuse. *Mirum & indignum prorsus subit, nullam artium inconstantiorem esse, & sæpius mutari.* Comme aussi n'y ha-il gens plus subiects a se diuiser en contrarietez d'opinions, que ceux qui en font profession *nullo eorum idem censente, ne videatur accessio alterius. Inde illa sera querimonia, multitudo medicorum me perdidit.*

A ce propos liſons nous qu'Aſclepiades qui floriſſoit ſoubs le temps de Pompée *omnia precepta veterum abdicauit, totamque medicinam ad cauſam reuocando coniecturam fecit.* & tout de meſme ſoubs la principauté de Neron *Theſſalus cũcta maiorum placita deleuit & cornicũ oculos cõfixit*, ſans parler des Iatroniques & empiriques par qui ceſte faculté a eſté combatuë en ſes propres principes.

Quel moyen donc de tirer vne reſolution certaine de ces gens qui ne ſe peuuent accorder eux meſmes en ce qui eſt de leur art? ou pourquoy n'auroit-on iuſte ſubiect de declamer auec Quintilian contre la vanité de leurs coniectures, és choſes eſquelles ils veulent faire les Lyncees & qui neantmoins paſſent leur cognoiſſance? *Vnde enim ſciunt quantum inter viſcera latenteſque pectoris ſinus vnicuique Natura conceſſerit, quam proprietatem ſpiritus quam corpus acceperit? Non equidem tam variæ mortalibus formæ, nec in vultibus noſtris ſedet tanta diuerſitas, quanta latet in ipſis diſſimilitudo vitalibus.*

Mais pour ne les traicter à la rigueur:
οὐ γὰρ πώποτ' ἐμὰς βοῦς ἤλασαν οὐδὲ μὲν ἵππους.

& ne rien aigrir contre vne profession, *cuius antiqui damnauerunt non rem sed artem.* Puis que cet art n'est venu que d'vne longue experiēce, recueillie des Receptes qui estoient anciennement affigees tant aux temple que carrefours publics, où on auoit de coustume de pēser les malades: *Nam ante Hippocratem & vulnus deligauit aliquis & curauit febrem.* Nous leur ferons bien ce passe-droict, que de leur adiouster foy és choses triuiales frequentes & ordinaires, nō rares & extraordinaires come celles-cy Car leur veuë & leur iugement sont subiets à s'y tromper faute d'experience certaine, notamment és matieres de la generation, qui fut peut estre la cause pour laquelle Æsculape estant prié de dire son aduis sur les symptomes inouis de la groisse des dames Romaines ἀρχίατρον *se non obstetricem professus est*, ainsi que l'escrit S. Augustin liure 3. de la cité de Dieu chap. 17.

Tant y a pour reuenir au Docteur Nauarrois, qu'il soustient fort & ferme contre eux : *Coeundi impotentiam ad effectum vt matrimonium declaretur nullum, non probari ex carētia testiculorū, modicitate membri, & ineptitudine ad generandum, sed nec ex presenti im-*

potentia argui posse quod affuerit etiam tempore contracti matrimonij.

Car entant que touche l'aphanie des tesmoins, il a esté suffisament prouué cy dessus que nonobstant icelle se peut accomplir l'œuure du mariage: puis que mesmes l'vn des spadons pre-alleguez auoit nombre d'enfans tels par luy recongneuz. Quand à la petitesse de la verge, il n'est d'inconuenient que comme elle s'estend par la licence des cachots de la nuict, ainsi que la pudeur du iour la puisse racourcir ἵνα γὰρ αἰδὼς ἔνθα καὶ δέος. Finalement à l'esgard de la pretéduë impuissance, qu'elle ne soit aussi tost aduenuë depuis, qu'auãt le mariage, tesmoin Amasis & autres de semblable fortune qui par sorcelleries en furent affligez.

Partant mande Nauarrus à ce sage Official, qui auoit voulu sçauoir de si loing quel estoit le iugement d'iceluy Docteur sur les questions à luy proposees: qu'il procede à nouuelle assemblee d'experts, pour faire autre visite, & s'ils ne dient rien de plus pertinent que les premiers, qu'il confirme absolument lesdicts mariages, comme il Nauarrus de sa part les soustenoit tres-bons & tres-vallables.

A cela se

A cela se conforment les Canons *can. pen. & sequent. 32. quest. 7.* & autres prealleguez, & d'autant que c'est principalement par les maximes canoniques, que se doiuent decider les causes matrimonialles, pour ceste cause entrera l'Appellant au discours d'icelles, suiuant l'ordre & diuision premise.

La science canonique qui se guide en tout par sa Cynosure, qui est l'Escriture saincte, tient auec elle que le mariage est vn tres-grand & tres-venerable Sacrement, auquel l'homme ne doit temerairement mettre la main pour le dissoudre, puis que Dieu l'a conioint, que ce mariage se parfait & accomplit *pactione coniugali, non defloratione virginitatis*, comme dit S. Ambroise, & selon qu'il est traicté plus au long, *causa 27. quest. 2. can. matrimonium. can. sufficiat. can. cùm initiatur* & autres, & sur ceste maxime S. Augustin tient au canon *omne eadem causa*, qu'entre S. Ioseph & la vierge Marie *verum fuit matrimonium*, ores qu'ils ne soient iamais conuenus ensemble pour l'œuure du mariage.

Les mesmes canons tirez des escrits des Saincts Peres nous representēt que le mariage se cōsomme & accomplit par vn bien de trois especes, *spe boni prolis, boni fidei, boni sacramenti*, & que ces trois ont esté audict mariage de S. Ioseph, & de la vierge Marie, *non ex officio sed ex his quæ comitantur officium coniugij, quia subsecuta est proles. fuit fides & sacramentum can. institutum & sequentibus 27. quest. 2. Proles*, qui és autres se considere par la commixtion des sexes, *fides*, par la loyauté coniugale respectiuement gardee sans adultere: *Sacramentum*, par la conionction indiuiduë sans diuorce.

Finalement nous apprenons desdits canons, qu'encores que les conioints qui ne peuuēt auoir la cohabitatiō l'vn de l'autre, puissent toutesfois subsister en mariage, & viure comme frere & sœur, bref soit dit que ils feroient mieux & viuroient en estat plus parfait à garder continence, neantmoins *quia melius est nubere quàm vri*, que si le mary dés auparauant le mariage contracté estoit froid & impuissant, *ex post facto* la femme a permission de faire declarer le mariage nul, mais par indulgēce seulement, pour euiter à plus grand mal, κατὰ συγγνώμην pour vser des termes de S. Paul, οὐ κατ' ἐπιταγὴν *secundum veniam non secundum præceptum.*

Car à cet esgard les Theologiens & canonistes considerent double institution du mariage, la premiere en estat d'innocence, *ex præcepto ad multiplicationem prolis*, la seconde, apres le peché, *ex remedio, ad vitationem fornicationis. d. Lombard. 3. sentent. distinct. 30.* ce qui semble tiré de S. Augustin *can. nuptiarum* 27. *quest.* 1. où il dit que *nuptiarum bonum olim fuit Legis obsequium, nunc est infirmitatis remedium, in alijs humanitatis solatium.*

Tout cela donc presupposé, ne fait rien pour assister la poursuitte faite par l'inthimee contre son mary, pour la dissolution de leur mariage:

Digna minus misero non meliore viro.

Car l'Appellant a tousiours mis en faict, & s'est soubsmis à le prouuer tant que suffire doiue, qu'auparauant la conclusion du pour-parlé de leurs nopces futures, tant l'intimee que ses parens & amis, eurent aduis certain de l'habitude du corps en laquelle il estoit & est encores de present. Ce n'a point esté tromperie, ne illusion, qu'il leur ait voulu faire, s'il y a eu de l'imperfection en luy, sans autrement en demeurer d'accord,

Prudens emisti vitiosum dicta tibi est lex.

C'est à dire, que par la loy, *si legibus C. de*

episcop. audient. la loy *f. C. de sponsal.* la constitution de Lucius 3. au chap. *consultationi de frigid. & malef.* & decision d'Harmenopule tit. 2. du liure 4. celle qui sciemment s'est mariee auec vn homme reputé impuissant, qui a sceu son vice & son imperfectiō, ne s'en peut par apres raisonnablement plaindre, ains plustost doit imiter ceste sage Romaine dont parle Pline liure 8. Ep. 18. *quæ culpam infœlicis matrimonij in gloriam perseuerantia sua conuertit.*

Et qui sçait si Dieu l'a point ainsi permis, afin que l'intimee eust ce subiect pour exercer sa vertu, ne plus ne moins qu'vn ancien disoit *malum patrem bono filio ad gloriam profuisse*? Car Homere asseure au 20. de son Odyssee, ce qui mesmes a passé en prouerbe, que Iupiter à l'instante priere de Venus, conclud les mariages au ciel, ains qu'ils soient faits en terre, pour ce qu'il sçait mieux que nul autre, qu'elle en pourra vn iour estre l'issuë,

Εὖτ' Ἀφροδίτη δῖα προσέστιχε μακρὸν ὄλυμπον
Κούρησ αἰτήσουσα τέλος γλυκεροῖο γάμοιο,
Ες δία τερπικέραυνον ὁ γάρ τ' εὖ οἶδεν ἅπαντα
Μοῖραν τ' ἀμμορίην τε καταθνητῶν ἀνθρώπων.

De sorte que iamais femme ne sera blasmee, de ſe remettre en tel acceſſoire, à ceſte prouidence inſcrutable, qui nous conduict en eſpoir contre eſpoir, & nous ſçait procurer noſtre bien, par les moyens que humainement nous eſtimons nous eſtre totalement contraires. Adiouſté d'ailleurs que ſi le mariage n'eſt recherché, que pour raſſaſier l'appetit de la chair (ce que toutesfois l'honneſteté publique abhorre) l'experience fait cognoiſtre, que pendant iceluy ſuruiennent infinis accidens, à l'occaſion deſquels, les conioints ſont empeſchez de ſe rendre mutuellement la debte coniugale, *cap. quoniam §. ſi verò vt lite non conteſt*.

Tant y a que ce qui valide tous mariages, eſt interuenu en celuy de l'Appellant & de l'intimee, car il a eſté contracté & ſolenniſé en face de saincte Egliſe *ſub ſpe peolis, fidei & ſacramenti*, il a eſté conſommé ſoubs ceſte eſperance par la commixtion des deux ſexes, & par la culture du terroir genital.

Spes alit agricolas, Spes ſulcis credit aratis
Semina quæ multo fœnore reddat ager.

Encore que ce ne ſoit pas ſimplemẽt ceſte conionction des corps qu'il faille conſiderer en vn mariage, ains pluſtoſt la conionction des deux ames par la vertu du ſacrement, qui au cõtraire plus il est exempt de la commixtion des œuures de la chair, plus est censé parfait, dit le Maistre des sentences, *lib.4.distinct.25.* De maniere que ce brocard vulgaire, *mulierem cum qua non fuit commixtio ad matrimoniũ non pertinere*, se doit entendre selõ l'interpretation d'iceluy, que le mariage ne laisse de subsister auec elle, *quantùm ad veritatem & sanctitatem coniugij, & si non quantùm ad significationem vnionis Christi & Ecclesiæ d. Lombard. distinct.30. ex d. Ambrosio lib.1. de patriarchis.*

Car la commixtion des corps denote bien la figure de l'vnion de Iesus Christ & de son Eglise *in naturæ cõformitate*, mais sans commixtion le mariage ne laisse pas de la representer *in charitate*, dit ledit Maistre des sentences, *lib.5.d, distinct.26.* S. Thomas, 3. *parte summæ quest.29. artic.4.* & le Pape Celestin 3. *cap. debitum de Bigamis.* Partant ledit mariage cõsideré en sa derniere espece, n'ẽ est pas moins valable, *quia plus valet sanctitas sacramenti, quam fœcunditas ventris*, dit S. Augustin *lib. de bono coniugali cap.18. tom.6.*

Bien est vray que le commun vœu de ceux qui subissent le S. Sacrement de mariage, est d'auoir lignee, *vult alter pateresse, al-*

tera mater esse, mais ce vouloir s'entẽd au cas que Dieu qui dispose des propositions de ses creatures, le vueille ainsi, & non autrement: car l'homme & la femme sont bien l'instrument de la generation, mais c'est Dieu qui par sa benedictiõ produit le fruict en estre, *neque qui plantat, neque qui rigat, sed qui incrementum dat Deus.*

Theodoret au troisiesme liure de la prouidence dit, qu'elle est principalement admirable en la generation de l'homme, tant par la mutation d'vne petite semence en tant d'os, de muscles & de veines, que par l'infusion de l'ame immortelle. Autant en discourt Pisides, au liure de la Cosmourgie.

Le Patriarche Iob addressant sa parole à Dieu, recognoist bien que la main d'iceluy auoit plus operé en sa generation que ses ses pere & mere, *manus tuæ domine fecerũt me, Pelle & carnibus vestisti me, ossibus & neruis compegisti me, vitam mihi tribuisti.*

Bref pour demonstrer que ce n'est point aux mariez de dire, *volo pater esse, volo mater esse*, ains que cela se doit remettre à la grace de Dieu, lequel comme dit Iuuenal, tout payen qu'il fust, sçait & cognoist que le plus souuent

----nos animorum
Impulsu, & magna cæcaque cupidine ducti.
Coniugium petimus partúmque vxoris, at illi
Notum qui pueri qualésque futuri.

Suffira de conclure ce point par autre authorité de plus grande emphase comme tirée de S. Paul. 1. *ad Corinthios, cap.* 15. dont le passage est dilaté plus amplement par S. Augustin au liure 12. chap. 25. de la cité de Dieu: *Deus dat vnicuique seminum propriũ corpus, ita nec fœminam sui puerperii creatricem appellare debemus, sed potiùs illum qui cuidá famulo suo dixit, priusquam te formarem in vtero noui te, & quamuis anima sic vel sic affecta prægnantis valeat aliquibus induere qualitatibus fœtum, naturam tamen illam quæ gignitur, tam ipsa non fecit, quàm nec ipse vir se fecit.*

C'est donc pour demonstrer que le mariage ne laisse pas d'estre vallable, encores que quelque deuoir qu'y apportent l'homme & la femme, Dieu n'y entremesle sa benediction pour leur bailler lignee, veu que Spartian nous tesmoigne en la vie de l'Empereur Seuere, & discourt auec admiration que les plus grands personnages de la terre, ou n'ont point eu d'enfans, ou les ont eu si detestables & mal complexionnez,

nez, qu'il euſt eſté plus expedient pour eux de n'en auoir iamais eus ἠρώων πήματα τέκνα.

Et toutefois qui de tous ceux-là contractant mariage n'euſt dit *volo pater eſſe*? La mere de Samuel ſe mariant diſoit-elle pas en ſa penſée, *volo mater eſſe*. La femme du Prophete Zacharie eſperoit-elle pas d'eſtre mere, & tant d'autres neantmoins elles n'en auroient eu que miraculeuſement, & non tant par l'œuure de nature que benediction de Dieu.

Partant diſoit bien à propos Rabi Ben Syra le plus ſage des Hebreux, & lequel on eſtime auoir eſté nepueu de Ieremie, que l'homme ne doit iamais dire ie veux celà, ſi premieremẽt il ne dit, pourueu que Dieu le vueille, d'autant (adiouſte ce Rabin pour exemple) qu'vn marié ayant dit qu'il vouloit coucher auec ſa femme, & elle auec luy, à l'inſtant qu'ils monterent ſur la couche, ils trouuerent que *Thalamus eis erat tumulus*, comme Arnulphus Eueſque de Lizieux en apporte vn pareil exemple en ſon Epiſtre cinquieſme, & Pline liure cinquieſme de ſes Epiſtres, Epiſtre 16. outre ce qui eſt vulgaire de Sara femme du ieune Tobie, dont les Hebreux en ont fait ce prouerbe : *L'espousée monte sur la couche , & ne sçait ce qui luy en peut arriuer.*

כלתא עלחה לגיבבא ולא יָדַע מה מיטי לה

Et selon cet aduis les conioincts par mariage diront *Volo pater esse , volo mater esse*, pourueu que Dieu benisse leur conionctiõ comme faicte chastemẽt, *liberorum procreãdorum spe*, & non pour assouuir leur concupiscence brutalle que Dïeu abhorre & dõt il retire sa benediction.

Comme de fait les Historiens ont obserué entre autres marques d'vn Estat corrompu , que depuis que le luxe & l'excés d'vn trop d'aise , commẽcent à infecter cet œuure de Nature en sa source premiere , & que l'on s'efforce de le prouoquer , plustost par artifice que par ce commũ instint dont tousiours la pudeur tient & tire la bride, alors ne se produit aucũ Part que cõtrefait, monstrueux & difforme , ou bien les femmes perdent la force de cõceuoit du tout.

---steriles moriuntur & illis
Turgida non prodest condita in pyxide Lede.
Nec prodest agili palmas præbere Luperco.

Tant les conioincts par mariage doiuent apprehender en ce cas l'indignation de Dieu contr'eux , & notamment la femme, qui semble auoir le don de fecondité, comme par preciput en son lot & partage, à fin de seruir de vigne plantureuse aux coings de sa maison: & qui partant doit imputer à son malheur le defaut de lignée, non que soubs ce pretexte elle se doiue disioindre d'auec celuy qui a tousiours fait auec elle sa fonction virile.

Consideré mesmement que l'esperance de la procreation, n'est pas la cause efficiente ne finale du mariage, *nec in coniunctione maris & fœminæ cõsistit veritas matrimonij can. non enim 32. quæst. 1. can. solet. quæri 32. quæst. 4. d. Lombard. 7. distinct. 30.* Ce ne peut donc estre qu'vne cause impulsiue, *qua cessante non cessat effectus l. imperialis. §. sed & si tales C. de nuptiis l. si mulier dotem. C. de iure dotium.*

C'est à dire que le mariage a esté introduit pour refrener les vagues concupiscences des hommes.

----fuit hæc sapientia quondam,
Concubitu prohibere vago dare iura maritis,

pour les diuertir de la Pederastie ou amour des masles, bref pour leur apprendre que s'ils vouloient rechercher le plaisir charnel, ils le deuoient rechercher par la conionction legitime, & y estre poussez à ceste fin pour auoir lignée, ainsi qu'il est remarqué au 8. chapitre de Tobie, & au 4. d'Esdras, chap. 18.

Mais de là ne s'ensuit pas qu'en defaut du plaisir nuptial ou de la procreation de la lignée cause impulsiue du mariage, il puisse estre dissoult, attendu quant au coit que c'est vne volupté non moins briefue que nuisible, & que prou doit suffire l'appetit de l'amour quand on n'en peut auoir la iouyssance.

Nec Veneris fructu caret is qui vitat amorem,
Sed potius quæ sunt sine pœna commoda sumit,
Hoc ideò quoniam medio de fonte leporum
Surgit amari aliquid quod in ipsis floribus angat.

A l'esgard de la lignée que c'est l'attente incertaine d'vn fruict long à venir, qui ne doit estre iustement preposé au bien present de l'amour coniugal, veu que mesmes iamais entre les payens on ne trouua bon à Rome le diuorce de *Sp. Carbilius Ruga*, à cause de la sterilité de sa femme, & iaçoit qu'il iurast qu'il se vouloit marier auec vne autre *liberorum procreandorum causa*.

Car si vous admettiez ceste ouuerture faudroit dire que le mariage pourroit estre dissolu, non seulement en defaut d'enfans, mais aussi au cas qu'ils ne suruecussent: car tel est le commun vœu des peres & meres, non seulement d'auoir enfans, mais aussi de les auoir suruiuans pour renaistre par eux en la posterité *vnde & superstitiosi dicti sunt* au dire de Ciceron *quòd soleant rogare deos, vt habeant liberos superstites.* Tellement qu'à ce compte la dissolution des mariages iroit en vne infinité,

Πάντες τ' ὠκυμοροί τε γενοίατο πικρόγαμοί τε, si on ne faisoit marché auec Dieu à telles, ou telles conditions.

Et qui plus est, faudroit entrer en ceste absurde opinion que les mariages contractez entre personnes valetudinaires & vieilles d'aage comme de soixante ans & plus, seroient nuls *ab initio* par defaut de puissance de procreer lignee, & toutefois tels mariages se contractent iournellement en l'Eglise, & n'y sont point reprouuez, selon la doctrine de S. Thomas 3. *parte summæ quæst.* 58. *art.* 10. *num.* 3.

Voire que l'Empereur auroit pour ceste cause aboly la loy Papienne & Popeenne qui imposoit la boucle aux sexagenaires & leur defendoit le mariage *l. sancimus. penul. c. de nuptiis.* Non pas que ce soit pour la raison qu'aucuns alleguent qu'il leur peut aduenir quelque bonne disposition en laquelle ils pourront engendrer selon qu'il est escrit de Masinissa & peu d'autres, desquels le rare exemple ne doit estre tiré à consequence, aussi que les spadons peuuent estre poussez d'vn espoir tout pareil: mais pource que c'est principalement en telles gens hors d'aage que le mariage est dit se contracter pour le soulas de leur humanité.

Car la procreation n'est pas principalement la cause d'icelluy. La femme fut premierement creée pour l'ayde & support mutuel de l'homme, d'ou Platon a tiré son Androgyne, & les Poetes leurs Molionides aux membres entrelassez. Les maladies & autres afflictions qui trauersent nostre vie, nous ont fait recourir à la necessaire conionction du mariage, dit Clement Alexandrin au 3. de ses Stromates.

Valerius Messalinus soustenoit au 13. des Annales de Tacite, *vxoris nullum aliud leuamentum esse, quàm consortium rerum secundarum*, & en vn autre endroit, *nullum honestius mentis leuamen quàm assumere coniugem prosperis dubiisque sociam*, telle que fut Hipsicratee à Mithridates, Portia de courage viril à

Brutus son espoux, Emponina tant renommee par Plutarque, à son mary Sabinus, & quelques matrones semblables, en la recommandation desquelles ou autrement en general Columelle semble auoir escrit *lib.12.cap.1. Matrimonium ideo institutum esse, vt ex hac societate mortalibus adiutoria senectutis, nec minus propugnacula præpararentur,* & au mesme propos Quintilian. *declamat.368. sic matrimonia iunguntur, vt imbecillior sexus præsidium ex mutua societate sumat.*

Tellement que qui diroit vn mariage n'auoir autre but que la procreation de la lignee souz l'esperance de laquelle il auroit esté contracté, & qu'au defaut d'icelle (non par le defaut du mary) le mariage seroit nul, pecheroit contre les regles de nature.

Veu mesmes que le mariage ne se contracte pas seulement *sub spe boni prolis*, mais aussi *sub spe boni fidei, & boni sacramenti*, or tout ainsi que *si desit bonum fidei*, c'est à dire que la femme oubliant la loyauté coniugale vienne à commettre adultere, le mariage n'en est pas nul pour cela, comme pareillement *si desit bonum sacramenti*, c'est à dire au cas que la femme diuorce d'auec son mary, d'autant que l'on espere tousiours mieux, mais les esperances humaines sont trompeuses,&

Nescia mens hominum fati sortisque futuræ.

Ainsi au cas que les mariez soient deceuz de l'esperance *boni prolis*, le mariage n'en doit estre dissoult,afin que ces trois cas accouplez ensemble paroissent veritables en l'identité de raison,qui fait valablement argumenter des vns aux autres,sans qu'ils reçoiuent aucune fallence non plus en leur diuision qu'en leur conionction, *l.si heredi. ff.de condit.institut. l.ad testium §.si quis ff. qui testam. facere possunt* : & telle forme d'argumenter n'est moins ordinaire en termes de Iurisprudence ou de Philosophie, que de Theologie *d.Lombardus 4.sentent.distinct.31.*

Tellement que de tout ce discours sera tiree ceste conclusion,que par les maximes canoniques , n'y a cause quelconque de pouuoir par la rigueur du souuerain droict dissoudre vn mariage, & que ce qui a esté adiousté de la frigidité ou impuissance du mary n'est *ex præcepto,sed ex mera indulgentia,* pour euiter à vn plus grand mal:or comme dict Tertullian *quod merè bonum est non permittitur,sed vltrò licet,quale enim bonum intelligendum est quod dicitur melius pœna?*

Ce

Ce qui ſert à demonſtrer qu'en telles cauſes qui ne ſont que de pure indulgence ne faut pas encores, comme diſoit Caton dans Tite Liue, relaſcher la bride *animali impotenti & indomito*, pource que ſelon l'aduis de Seneque, à ce ſexe, *id facere laus eſt quod decet, non quod licet*. Et ſuppoſé que les loïx le permettent, *Tune quod crudeliſſimum habent iura ſtatim occupas?*

Car eſt-ce choſe nouuelle de pouuoir par honneſteté renoncer aux paſſe-droicts introduicts en ſa faueur? Penelope apres auoir entendu ſon Vlyſſe dix ans ſeulement, ſe pouuoit impunement remarier, le voulut elle faire apres vingt? La Veſtale Tarquinia eut permiſſion du peuple Romain de contracter mariage, y voulut elle entendre? Zenobie Royne des Palmyreens, & Et Elfride Royne d'Angleterre pouuoient licitement auoir la compagnie de leurs maris, l'vne apres auoir conçeu, l'autre apres ſa geſine: fut-il iamais poſſible de le leur mettre en teſte? Et que dira donc l'intimee ſi tant eſt que iouxte la creance du Poëte Claudian

Nobiliora mouent animos exempla pudicos?

Mais ſoit ainſi que la pretenduë infirmité de ſa nature ne luy puiſſe ſouffrir qu'elle les vueille enſuiure, combien que la generoſité de la famille dont elle eſt iſſuë, rende ceſte excuſe du tout inadmiſſible, doit-elle pourtant practiquer au peril de ſa cõſcience & en danger de cõmettre vn plus grand mal, ce qui ne luy eſt indulgé que pour cheoir en vn moindre? Veut-elle que ſur ſa ſimple delation, qui d'ailleurs n'eſt receuable par le droict ciuil & canonique, l'Appellant ſoit reputé conuaincu de ce dont elle n'ha preuue quelconque contre luy, ou n'eſt-ce point ce qui requiert d'y apporter toutes les precautions requiſes, & voir ſi elle à vne plainte ſi iuſte que pour icelle ſe doiue diſſoudre vn tel Sacrement?

L'Appellant met en fait qu'il eſt puiſſant d'engendrer, qu'il a l'arrection, l'intromiſſion & l'eiaculation : Bref qu'il ha conſommé ſon mariage auec ſadicte femme, & que pour argument de chef-d'œuure parfait, ſelon que Theocrite l'imagine & figure.

Παρθένος ἔνθα βέβηκε γυνὴ δ' εἰς οἶκον ἄφερπει
---οὐκ ἔτι κώρα.

Comme s'il n'y a eu quelque empeſchement de la part de l'eſpouſe, la preſomption eſt touſiours pour le trophee de la nuict maritale : de fait que Mineruе dans Homere ne prophetiſe à Nauſicaa la perte prochaine de ſa virginité,

---οὔτοι ἔτι δὴν παρθένος ἔσσεαι,

ſinon ſur ce que dans peu de temps d'alors elle deuoit eſtre mariee.

Et puiſque l'intimee recognoit en auoir fait eſpreuue

----nondum ne videtur
Hoc ſatis, expectat nunquid & vt pariat?

Car l'Appellant aime mieux le croire ainſi, que de preſumer qu'on attende de luy les exploits nocturnes d'vn Hercule, ou qu'il ſoit capable de pouuoir ſuffire à ceſte importune orexie, que l'eſcriture ſaincte ſemble exclurre de tout contentement. Ioint qu'autre plus grand heur ne luy ſçauroit aduenir, que de voir vn petit Ænee iouant en ſa cour, qui fuſt pour porter le nom & les armes de l'vne des plus nobles & anciennes familles de France.

Mais ſi c'eſt cela que l'intimee recherche auec tant d'inſiſtance : *Deſcribe* (diſoit Tertullian) *vterum de die in diem inſoleſcentem, grauem, anxium, nexum, totum incertum libidinibus faſtidij & gulæ : inuehere & in ipſum mulieris enitentis pudorem.*

Ou si elle met tout ce trauail à non-challoir en recompense du plaisir qu'elle s'en fait à croire, ne luy est-ce pas vne grande impatiẽce de le vouloir cueillir sur le verd, apres n'auoir habité auec son mary plus de deux ans entiers? Car c'est le champ commun de la plainte des Poëtes, de dire qu'il nous faille achepter si cheremẽt des Dieux ce peu de plaisir dont ils allaictent nos vaines esperances: & que ce soit par forme d'enuie qu'à l'esgard du labourage festoyé soubs le tiltre de Sacre-saint par les Atheniens,

----pater ipse colendi
Haud facilem esse viam voluit
Curis acuens mortalia corda.

De maniere qu'il y ha de la precipitation beaucoup a vouloir auant terme exiger de l'Appellant, ce qui ne se peut rendre tout à coup, ains par degrez seulement & auec laps de temps.

Consideré mesmement que le στέργειν ou amitié coniugale, vient, dit Plutarque, ἀπὸ τοῦ στέγειν de la longue demeure des conioints: neantmoins sans ce vice & mauuais traictement, sa femme se seroit retiree d'auec luy, est-ce là *bonum fidei, bonũmque sacra-*

menti, qu'il esperoit d'elle, comme elle esperoit de luy *bonum prolis*.

Le deuoir des mariez est reciproque : & puis que le chapitre *laudabilem. ë.* prescrit vn espace de trois ans, à cause de la vertu du nõbre ternaire, pour descouurir par la femme, la puissance ou impuissance de son mary, pourquoy est-ce que ladicte intimée a preuenu ce temps, & ne s'est peu donner le loisir de l'attendre? Car mesmes Columelle dit qu'il faut quatre ans pour esprouuer la fertilité ou sterilité d'vne vigne, attẽdu que cela procede de la puissãce absoluë de Nature, qui ne s'assubiettit pas de rendre tousiours à point nommé ce qu'on exige d'elle, ains quelquefois y apporte du retardemẽt pour le recompenser de plus grande abondance: *Nullum certè in homine tempus pariendi statutum videtur*, dit Pline. Qu'ainsi ne soit combien voit-on de personnes qui apres auoir esté longuement mariées sans auoir enfans, en fin en auroient eu grande multitude?

Et quibus antè domi fœcundæ sæpe nequissent
Vxores parere, inuenta est illis quoque compar
Natura, vt possent partu munire senectam?

L'appellant dõc propose à l'intimee pour

fin de non receuoir, *nimium properas, & adhuc tua meßis in herba est. Non est hoc tempus actionis istius*, faut que les trois ans s'escoulent,

Multa ferunt anni venientes commoda secum.

Peut estre que le ternaire accomply rendra feconde celle-là qui se soustrayant de son mary, empesche elle mesme

Ne poßit parere, & partu retinere maritum.

Et d'insister par elle que ceste patience triennale seroit frustratoire, puisque ledit Sieur Appellant n'ayant point de testicules apparens, donne vn preiugé contre luy qu'il soit impuissant à la generation.

--clamet melicerta perisse, frontem de rebus.

Car il a esté monstré cy dessus que tel preiugé est du tout fallacieux, d'autant que l'homme qui n'en a point d'apparens, les peut auoir au dedans, selon l'opinion d'Aristote suiuie des Medecins: & d'abondant qu'vn spadon non chastré, ne exsequé, peut arriger, intromettre & eiaculer, bref faire toutes fonctions genitales sans l'aide des tesmoins, qui n'y sont que fort peu ou point necessaires.

Mais en tout sens n'est-ce pas chose odieuse à penser, & difficile à croire, qu'vn honneste hōme ne soit recherché d'alliāce, que comme vn Bieure, ou vn Castor, pour les bessons qu'il porte? Et bien qu'Aristophane ἐν θεσμοφορ. nous represēte vne Lysistrata faisāt vœu pour sa fille à Ceres, de luy dōner vn mary sage ou riche (ne luy chailloit) pourueu qu'il eut bonnes patentes de naturalité καὶ πρὸς θαλυκὸν νοῦν ἔχοι καὶ φρένας, si est-ce qu'elle sort du theatre auec la derision de tous les assistans. Et Lucian en son Onochryse se mocque à bon esciēt de celle qui l'ayant affectueusement chery pendant qu'il estoit Asne, commença depuis à le desdaigner si tost qu'elle le vid restitué à sa premiere figure, & ses dimensions de beaucoup racourcies.

Non pas que l'Appellant vueille induire de là qu'il soit loisible soubs l'imposture des habits, d'abuser, deceuoir & circonuenir celle,

----quam pronuba Iuno
Sollicitat suadétque ignota lacessere bella,

veu qu'au rapport de Suetone, Seruius Galba Gentilhōme Romain voyant Ocellina extremement passionnée de l'amour de luy, ne fit point de difficulté de luy descouurir son vice naturel, à fin qu'elle n'eust occasion de se plaindre d'auoir esté trompée. Mais bien pretend-il colliger de ceste induction, que puis qu'au parauant leur cõtract de mariage passé, l'intimée ha sçeu & entendu la composition de ses parties secrettes estre telle, qu'il luy faille par nature, plustost que par vn remors de syndereze,

Nocte dieque suos gestare in pectore testes,

& que ce nonobstant voyãt par elle toutes les marques exterieures de sa virilité, elle l'ha reputé capable, comme par effect il luy en ha rendu d'asseurez tesmoignages: de deux choses l'vne: ou elle n'auroit deu estre receuë en son action, ou toutes ces circonstances concurrentes, l'Appellant auroit deu estre admis au congrez.

Car si toutefois & quantes que la femme l'ha demandé contre son mary, elle y a esté receuë, ores que ce fust vne demande honteuse de la part d'elle, & que regulierement elle n'y deust estre ouïe, pource que c'estoit indirectement prouuer vne negatiue, à plus forte raison le mary faisant pareille demande contre sa femme, doit-il estre admis à prouuer son affirmatiue: consideré mesmement qu'en ce cas *standum est verbo viri, qui dicit se vxorem cognouisse. cap. continebatur de*

de-

desponsat. impub. attendu que l'homme est chef de la femme, & doit emporter ceste prerogatiue sur elle.

Ioinct qu'il ha la presomption legale pour luy, qu'il ait eu effectuellement sa compaignie, *glos. cap. inspicimus. de regul. in 6. cap. literas. ë. de presumpt.* pource que selon le dire de Plutarque, Nature n'a point fait l'homme imparfait, ains iceluy reuestu de toutes ses parties necessaires. Aussi que tel est l'appetit sensuel, à l'obiect duquel les moins Gynergumenes mal-aisément peuuent-ils resister. Tellement que le mary est plus croyable à dire qu'il s'y soit laissé vaincre, que ne fut Auguste Cæsar, lors qu'il repudia la fille d'Antonius sa femme à maintenir qu'il la rendoit pour vierge: & dequoy toutefois Xiphilin rapporte qu'il fut creu par serment ὡς καὶ παρθένον, οὖσαν ἀποπέμποι, ὃ καὶ ὅρκῳ ἐπιστώσατο.

Du moins pour repousser ceste presomption, faut-il que les obstetrices qu'Iuon Euesque de Chartres en son Epistre 74. appelle *honestas & veternatas mulieres*, deposent le contraire, & que par l'inspection des parties secrettes de la femme, ils l'ayent trouuee vierge: *cap. proposuit. ë. de probat.*

Car Hippocrate eſcrit au liure περὶ ὀγδομήνου, & au traité περὶ νόσων γυναικείων, qu'en telles matieres, pleine & entiere foy leur doit eſtre adiouſtee, pource qu'elles en parlent comme expertes, & comme de choſes dont elles ont fait eſpreuue en elles meſmes. Or tant s'en faut qu'on les ait voulu ouyr au procés, qu'au contraire pour y obuier, l'intimee auroit expreſſement recogneu ce qu'elle auoit par pluſieurs fois denié, que ledit Appellant euſt eu ſa compaignie. Et ſur ce qu'elle auroit voulu ſuppoſer que ce n'eſtoit qu'imparfaitement, dont l'inſpection euſt peu iuger, elle ne l'auroit voulu conſentir, ny les Iuges l'ordonner, quelque inſtante requeſte que ledit Sieur Appellant en ait peu faire.

Tellement que la preſomption demeure pour luy qu'il l'ait cogneuë, & que puis qu'il a eſté lors en poſſeſſion de virilité, il le ſoit encores par l'argument de la loy *ſiue poßidetis. C. de probat.* conſequemment que au pis aller le congrez auquel il s'offre ne luy peut eſtre denié.

Et ne fait rien au contraire ce que ſa femme, reueſtant trop tard la pudeur en lieu où elle n'eſt plus neceſſaire, obiecte que la viſite de ſes parties ſecrettes & ledit congrez luy ſeroit à honte, car force luy eſt de la boire puis qu'elle eſt cauſe du mal.

Quàm bene diſpoſitum terris, vt dignus iniqui
Fructus conſilij, primis authoribus inſtet.

Adiouſté qu'en tel cas la viſite eſt ordinaire, & partant ne peut on dire qu'il y ait du dol à requerir, ce qui eſt de l'vſance du droit commun. Car nous apprenons de S. Cyprian en ſes epiſtres, de S. Auguſtin, de S. Ambroiſe, & de Victor d'Vtique, au liure ſecond de la perſecution des Vvandales, qu'en matiere de defloration de vierges, on a touſiours eu recours à l'inſpection, meſmes qu'il nous eſt rapporté par Clement Alex. 7. *ſtrom.* & par Suidas *in verbo Ieſus*, que la vierge Marie l'ha ſouffrit, ayant eſté ordonné par le Synedrion du grãd Preſtre & Sacrificateurs, qu'elle ſeroit viſitee, pour ſçauoir ſi elle eſtoit demeuree vierge, & ſi noſtre Seigneur qu'ils vouloient coopter en leur ordre, ſeroit immatriculé dans leurs regiſtres en qualité de fils de Ioſeph, ou de fils de Dieu viuant & d'vne vierge mere. Chaſſance en recite le diſcours tout du long 4. partie *Catalogi gloriæ mundi, diſtinct.* 6.

Et bien que les liures canoniques de l'Escriture Saincte ne nous facent mention de ceste histoire (pource parauenture qu'elle ne touche en rien le point de nostre salut) Si est-ce que ce qu'escrit S. Ambroise sur S. Luc en ces mots *maluit Christus aliquem de suo ortu, quàm de matris pudicitia dubitare*, ne deroge du tout foy à ceste tradition.

Quoy que ce soit & pour n'insister dauantage sur vn subiect de si grand mystere, ains descendre à ce qui est de plus conforme à nos meurs & plus approchant de la qualité des parties,

Froissard parlant du traicté de mariage d'entre le Roy Charles six, & Dame Ysabeau de Bauieres, dit qu'il fut pour vn tẽps tenu secret : pource (dit-il) qu'il est d'vsage en France que quelque Dame, comme fille de haut Seigneur que ce soit, conuient que elle soit regardee & aduisee toute nuë par les Dames, pour sçauoir si elle est propre & formee pour porter enfans, ce qu'indifferemment estoit gardé entre les Taxiles des Indes, ainsi que le tesmoigne Strabon liure 15. de sa Geographie.

Si donc telle nudité n'ha point semblé honteuse ne difforme, & si les plus illustres

Princeſſes de la terre, quoy que vierges & chaſtement nourries, n'ont point faict de difficulté de la ſouffrir, ſçachans telle eſtre la loy de ce Royaume, & que c'eſtoit le ſeul moyen de contracter vn mariage vallable: pourquoy eſt-ce que l'intimee refuſera de ſ'y condeſcendre, pour valider vn mariage non pas ſimplement à faire, ains deſ-ja contracté, puis qu'elle eſt à ce faire, authoriſee par les ſaincts decrets & conſtitutions canoniques?

Car les actes indifferens ſont ordinairement determinez pour bons ou mauuais, ſelon la diuerſité des circõſtances: vne nudité volontaire eſt à blaſmer, vne neceſſaire eſt treſ-digne d'excuſe. Les femmes des Perſes voyans leurs enfans tourner le dos à l'ennemy, ſe leuerent & rebourſerent les cottes, & leur monſtrerent le lieu dont ils eſtoient iſſus. Phryne Dame Grecque preſte à ſouffrir la condamnation des Areopagites, leur deſcouurit ſon ſein, & monſtra ſa charnure en pleine audience. Tant ſ'en faut neantmoins qu'elles en ayent receu blaſme, qu'au contraire les vnes en auroient eu perpetuelle recompenſe par Edit des Roys de Perſe, & l'autre ayant esbloüy les iuges par l'aspect de sa beauté, fut mise sur le chãp en voye d'absolution.

Et de vray quel subiect de redarguer vne nudité necessaire, veu que quand de prime face il y auroit de la turpitude, la seule authorité de iustice suffit pour l'effacer ? *l.1.ff. de ventre inspic.arg.l.qui furti.ff. de his qui not. inf.*

Outre que tout ainsi que les Theologiẽs & Canonistes decidẽt que ce qui peut sembler des-honneste en la conionction androgyne, est permis & supporté, *quod malo libidinis vtantur ad bonum*, ainsi doit estre censee tolerable la visite requise en tels proces que celuycy, *quod malum illud nuditatis tendat ad bonum*, sçauoir à valider vn mariage qui autrement, faute de ceste preuue, pourroit estre rompu.

A l'esgard du congrez que ladicte Dame se dit reietter par pudeur,

Ah si concubitum locus exigit, omnibus illum
Deliciis imple & sit procul inde pudor.

Car le duel est bien defendu par les Edicts pour rompre la vengeãce des armes offensiues, mais non celuy d'entre le mary & la femme, dõt l'aigre-doux effort ne tend qu'à les reintegrer en paix & bon amour. Tant y a qu'au cas de present, *bellum iustum*, comme disoit Tite Liue, *quia necessarium*, & la necessité rend licite ce qui autrement seroit de soy illicite. *l. si quis id. §. doli. ff. de iurisdict. omnium iudic. l. furti. §. qui iussu. ff. de iis qui not. infam. l. si quis quasi. ff. ad Syllan. l. qui autem §. apud labeonem. ff. quæ in fraud. credit. gloss. l. ait. vers. imputandum. de minoribus.*

Ioinct qu'ainsi que le discourt elegamment S. Augustin au liure 14. de la cité de Dieu, chapitre 18. 19. 20. 21: 22. 23. *& seq.* le congrez n'a rien naturellement en soy de deshonneste, il n'y ha que le peché de nos premiers peres qui le rendent tel : *& ita sic geritur quod decet ex natura, vt etiam quod pudet comitetur ex pœna.*

Non toutesfois qu'il ne desplaise assez à l'Appellant d'en estre là reduict, veu l'opprobre qu'en auroit encouru celuy qui se lit au 3. de l'Iliade auoir recherché de plein iour l'œuure du mariage auecques son Heleine, pource que selon la graue remonstrance qu'en fait Pindare au chant 9. de ses Pythies, la douce Python, ou grace persuasiue des amours sacrez, tient son trousseau de clefs subtilement caché, afin que les dieux & les hommes ayent honte de ioüyr ouuertement du plaisir de la couche,

Κειπταὶ κλαΐδες ἐντὶ σοφᾶς,
Πειθοῦς ἱερᾶν φιλοτάτων.
Καὶ ἐν θεοῖς τοῦτο κ' ἀνθρώποις ὁμῶς,
Αἰδέοντ' ἀμφαδὸν ἀδείας τυχεῖν τὸ πρῶτον εὐνᾶς.

Mais tant ya que *ſacra hæc aliter non conſtant*, & puis que c'eſt non par intemperance beſtiale, ou cynique, ains par neceſſité: que c'eſt pour affermir vn ioug de mariage par ſes propres effects, que ce n'eſt point vn congrez de iour, ains de nuict, puis que l'appellãt le recherche en l'obſcurité de ſes preuues, & que la lumiere d'icelles ne ſ'en peut auoir autrement, force eſt de ſ'en ſeruir, notamment en vn iugement de dernier reſſort, & par iuges qui iugent ſelon la plenitude de la puiſſance Apoſtolique à eux commiſe - *quæ ſummi ſentit faſtigia iuris*.

Et combien que l'on vueille dire telle preuue eſtre fallacieuſe, d'autant que ſelon le dire du meſme S. Auguſtin *cap.16.lib.14. de ciuitate Dei, propter pœnam peccati aliquando libido hiantem deſtituit, & cum in animo concupiſcentia ferueat, friget in corpore.*

Auec ce qu'il pourroit ſembler que ledit Appellant deuſt pluſtoſt fuir ceſte lice, que la pourſuiure ſi inſtamment, comme eſtant

de

de prime face absurd & impossible qu'vn homme ennuyé de proces, & paraduenture saisi de iuste indignation contre celle qui luy a procuré ce diffame, *Heu me per vrbem. Nam pudet tanti mali fabula quanta fui!* peust auoir le courage de faire auec elle ce qui ne requiert qu'vne ecstaze d'amour, de ioye & allegresse. Occasion, que le Poëte Latin voulant payer sa maistresse qui l'inuitoit à ce combat, d'excuse legitime,

Iurabat curis animum mordacibus angi,
Nec posse ad luxum tristia corda trahi.

Si faut-il recognoistre à ceste offre, que l'Appellant demonstre l'asseurance certaine qu'il ha de sa virilité, & du deuoir coniugal par luy rendu à l'intimee, puis qu'il s'y soubsmet encores: & que vray semblablement elle ne s'y opposeroit auec tant d'opiniastreté, si elle n'auoit en son ame quelque remors de Syndereze. Veu que s'il se trouue du hazard pour l'Appellant en l'issuë du congrez, l'aduantage ne peut qu'il ne soit tout pour elle. De maniere qu'elle ne doibt raisonnablement contre son profit propre arguer ceste preuue pretendue fallace.

Consideré d'ailleurs, que la gesne & torture est vne preuue plus trompeuresse & de moindre certitude, d'autant que selon le dire de Quintilian, *ea pars corporis interrogatur, quæ dolore non animo respondet* : toutesfois au desespoir de tirer la verité d'ailleurs on y a recours, d'autant que le iuge ne doit rien obmettre de ce qu'il pourra estimer luy estre loisible pour descouurir la verité.

Delà sont venuës ces preuues vulgaires canoniques & extraordinaires par la troisiesme, septiesme, & douziesme main de gens assermentez, par l'eau, par le feu, par le fer ardant, par la Croix & par la Saincte Hostie, dont parlent *Aimonius lib. 4. cap. 26.* les loix Lombardes, *ti. quomodo quis se deffendere debeat*, les Neapolitaines, *de constit. parilib.* S. Gregoire de Tours, *lib. 2. cap. 10.* Gratian, *tota causa. 15. quæst. 5. can. qui presbyterum 17. quæst. 4. cap. ex literis de excess. prælat. cap. ex tuarum de purg. can.*

Comme aussi ne doit il sembler absurde que les faits extra-ordinaires reçoiuent de pareilles preuues, en defaut d'ordinaires.

Autrement que vouloit dire entre les Iuifs l'eau probatrice pour l'adultere non aueré, entre les Allemans l'espreuue des enfans legitimes par le nage du Rhin, en Perse le foïer de probation de la virginité des filles sur lequel monta Chariclee? Et en Arcadie à mesme fin le breuuage du sang d'vn Taureau sacrifié en defaut d'autre preuue?

Ou pour mieux parler, le congrez est la preuue ordinaire & plus certaine qui se puisse practiquer en telles matieres de procez d'impuissance, tesmoin Lucian en son Eunuque. *Nec inimicum videri debet probationis genus quod solum est*, disoit Quintilian en sa declamation 7. Du moins les officialitez de France l'ont receu, & la Cour l'auroit authorisé par plusieurs arrests, notamment celuy du 20. Ianuier, 1587. donné contre vn, qui argué du defaut de testicules ne s'y vouloit soubsmettre.

Car puis qu'il va du peril de la conscience en telles ruptures οὐ μόνον τῆς ὀργῆς ἀλλὰ καὶ τῆς συνειδήσεως, pour ceste cause y faut-il apporter plus de pre-caution, dit la glose du chap. f. .e. *de frigid. & malefic.* attendu qu'en confirmãt le mariage à quelque prix que ce soit, on ne sçauroit faillir, venant à le dissoudre, le scandale ne peut qu'il ne soit grand pour ceux,

Hoc quicunque sacrũ violarint vulnere fœdus.

Or toute la plus seure pre-caution qu'on

y puiſſe apporter eſt d'en venir à l'eſpreuue actuelle : *Nec enim de veritate dubitari poteſt, quoties cum incertis experimenta conueniunt, æquumque eſt non ſemper auribus ſed & oculis credere*, dit Pline & deuant luy le grãd maiſtre Hippocrate au liure *de diæta*, ſpecialement quand nous y ſommes portez pour vn bien de paix, qui ſert plus à excuſer vne couple licite, bien que faite à l'ouuert, que toutes les hontes clandeſtines ne ſçauroient pallier vn diuorce illicite.

Autrement ſeroit-ce choſe abſurde, que pour la verification d'vn adultere on admiſt la preuue de celuy qui diroit auoir veu ἄρθρα ἐν ἄρθροις, que pour euiter à la ſuppoſition du Part, les loix ciuiles permiſſent l'inſpection du couuert de la femme, & que pour iuſtifier de la validité d'vn mariage (qui eſt choſe beaucoup plus importante) on euſt à contre-cœur de voir *impactum Thyrſum horto in Cupidinis.*

Car d'obiecter que ledit congrez eſt fruſtratoire de la part de celuy qui confeſſe n'auoir aucuns teſticules apparens, c'eſt à faire à ceux qui ſelon le dire de Pauſanias en ſes Phocaïques, n'ont iamais en leur vie rien veu, ne creu, qui ſurpaſſe le commun eſtabliſſement des loix de la Nature. Combien que l'aage de nos peres & le preſent encores, porte des hommes mariez de pareille habitude que l'Appellant, qui neantmoins viuent en bon meſnage, & ont nombre d'enfans.

Au pis aller ſi l'exemple en eſt ſi rare, qu'il ne ſe trouue expreſſement decis, ne par les liures des Philoſophes, Medecins, Theologiens, Iuriſconſultes & Canoniſtes, il n'eſt pas vray-ſemblable, qu'vn Iuge eſmeu de telle nouueauté, la mette à nonchalloir, ains ſe propoſe de l'approfondir d'autant plus meurement, que l'importance du cas ſemble le meriter. *Alioquin abdita & defoſſa aut ignorantur, aut eo ipſo fallunt, quòd ignoranda ſunt*, diſoit Tacitus.

Mais pour y remedier, qui ne ſçait de quelle importance eſt la veuë, meſme és cõtrouerſes & cauſes plus legeres? Soſis accuſa vn iour Dion de l'auoir outrageuſemẽt excedé & bleſſé en la teſte. Dion ſouſtint le contraire, & pour preuue de ſon dire demãda qu'il fuſt viſité par Medecins & Chirurgiens. La viſite fit paroiſtre l'impropere de l'vn, & l'innocence de l'autre, car on deſcouurit, que ce n'eſtoit qu'vne ſimple eſgratigneure.

S'estant meu proces pardeuant les Amphyctions de la Grece, entre les Lacedæmoniens & Argiens, pour raison d'vn trophee, ces grands & admirables Iuges ne trouuerent autre meilleur expedient pour decider l'affaire auec toute asseurance, que de descendre eux-mesmes sur les lieux, & recognoistre à l'œil ce qui en pouuoit estre. Autant en firent les Ambassadeurs de Parme, esleuz pour arbitres entre Catulus & Marius sur mesme different, *Veritas enim visu & mora, falsitas festinatione & incertis valescit.*

Que si toute l'eschole d'Æsculape reputeroit celuy-là pour mal habile & peu experimenté en son estat, qui entreprendroit de guarir des vlceres ou carcimones aux parties secretes, sans les auoir au preallable curieusement veuës & attentiuement explorees: & si d'ailleurs les patiens qui les en voudroient empescher meriteroient à bon droict la mesme reprehẽsion, que ceux desquels parle Tertullian au liure *de pœnitentia, qui in verecundioribus partibus corporis contracta vexatione conscientiam medentium vitant, & ita cum erubescentia sua pereunt.*

Le semblable doit-on dire de la Iustice

qui est la vraye medecine du corps public & politique. Car si pour vn heritage de six blancs on peut demander veuë, *Si de paruula summa iudicaturo, res sine teste nõ probatur, testis sine iuramento non valet, si datur tẽpus, differtur dies, vt eò magis eluceat veritas, quo sæpius in mentem venit*, disoit Seneque. Pourquoy ne seront gardees pareilles solennitez en vne cause de telle importance que celle-cy, ou pourquoy n'ẽ sera le pretexte aueré par l'inspection des choses *quæ sub axillis siunt*, puis qu'il en faut venir iusqu'à cest accessoire.

Car és questions matrimoniales, disoit Alexius Patriarche de Constãtinople, tout ce que l'on peut soigneusement apporter de recherche, de preuue & de lumiere, n'y doit estre espargné, pource qu'il s'agist en icelles du peril de l'ame, de la dignité du Sacrement, de la propagation du genre humain, de l'entretenement des Republiques & repos des familles, de peur qu'autrement l'honnesteté publique ne soit interessee, & qu'il n'aduienne du desordre des fautes & negligence qui s'y pourroient commettre, αἱ τῶν γάμων ζητήσεις περὶ θείου γινόμεναι πράγματος, καὶ διαμονὴν τοῦ γένους τῷ βίῳ χαριζομένου πεφροντισμένως ὀφείλουσι περιίεναι, ἵνα μὴ τε τὰ καλὰ λυμαίνηται τὸ ἀμέριμνον, μή τε τὰ φαῦλα ῥυπαίνωσι τὴν συναλλαγμάτων τὸ τιμιώτατον.

Et bien que l'autheur du Traicté de la dissolution du mariage, pour cause de pretenduë froideur & impuissance, semble auoir pris la brochette de censure contre ceste visite & tentatiue du congrez, comme pretendant qu'elle ayt quelque dysopie, & qu'autre chose soit de faire veuë d'vn heritage, autre de reueler la pudeur des parties secrettes.

Si recognoist-on par la fin du discours pre-cotté, que l'autheur d'iceluy ne s'est tenu ferme & constant en son opinion.

Διχθὰ δέ οἱ κραδίη μέμονεν φρεσὶν ὁρμαίνοντι,
Si opinion se doit dire ἡ κυρία δόξα, & non plustost vn plaidoyé fait à dessein pour vn sien allié, qui estoit en pareille peine que l'Appellant, mais sur vne rencontre dissemblable, pource que l'autre refusoit ledit cõgrez, qui luy estoit offert par sa femme: icy l'Appellant s'y soubsmet, & bien que par le droict Canõ se fallust tenir à sa parole, veu le refus de l'intimee: toutesfois il luy fait ceste offre de parsus, à fin que d'auantage elle en soit conuaincuë.

On demeure bien d'accord auec l'autheur dudit traicté, qu'il semble de prime face que les femmes qui recherchent ledit congrez, ayent auec la chemise despouillé toute honte, veu que Nature ha tellement prouueu a leur pudeur mesmes apres leur mort, qu'au lieu que les corps des hommes noyez & submergez reuiennent sur l'eauë le visage dessus, les femmes au contraire le visage dessoubs, à fin que ceste partie du corps ou gïst le secret de leur sexe demeure aussi cachee.

Ce qui demonstre que l'vn ha beaucoup plus de passe-droict que l'autre a demander la visite & congrez. Tout ainsi qu'à Rome n'estoit loisible qu'au mary seul d'enuoyer à sa femme le libelle de diuorce, & non à elle reciproquement, comme estant ce sexe imbecille, digne d'estre bridé par des loix tres-seueres.

Ædepol lege dura (disoit Plaute) *viuunt mulieres,*

Multóque iniquiore miseræ quàm viri,
Nam si vir scortum duxit clàm vxorem suam,
Id si resciuit vxor, impune est viro,
Vxor viro si clàm, domo egressa est foras,
Viro fit causa, exigitur matrimonio.

S

Neantmoins d'autant que la visite & le congrez ont passé en forme de preuues ordinaires pour telles controuerses. La Cour par plusieurs Arrests auroit ordonné l'vn & l'autre, mesmes en la cause du parent de l'autheur dudit Plaidoyé, ores qu'il se fust porté pour appellant, comme de pretendu abus de l'ordonnance du congrez à luy offert par sa femme & par luy refusé (tant s'en faut qu'il s'y soubsmist comme faict l'Appellant) neantmoins ce luy fut force d'y obeyr.

D'ou vient à presumer par argument tiré du sens contraire, que si tels proces estoient iugez, sans y garder les formes receuës & authorisees par ce souuerain Senat, dont les arrests sont autant de loix & ordonnances és causes d'estat public comme celle-cy, ce Senat venerable à tous les iuges inferieurs.

---quos fundit in omnes
Imperium, sacrique tenet cunabula iuris,

mal-aysement se pourroient lesdictes sentences garantir d'vn appel comme de pretendu abus, en quelque nombre qu'elles eussent esté conformément donnees.

Car c'est vn droict singulier en matiere

de iugemens interuenus ſur cauſes matrimoniales, qu'attendu le peril de la conſcience de l'vn ou l'autre des conioincts, iamais ils ne paſſent en force de choſe iugee, ains ſont retractables toutefois & quantes, ſans crainte d'aucune fin de non receuoir, *cap. lator præſentium. ë. de ſent. & re. Iudic. gloſſ. cap. 1. vt lite non conteſtata.*

Adiouſté que le plus communément telles ſentences ſe donnent ſur preuues priuilegees, comme celles qui ſe tirent des rapports des experts. Or tels iugemens ſont auſſi perpetuellement retractables, & ne paſſent iamais en force de choſee iugee *l. Diui fratres ff. de iure patronatus l. ſi qui adulterij C. ad l. Iul. de adulter.*

Au fonds, l'abus ſe cotte ordinairement en trois cas, quand il y ha contrauention aux ſaincts decrets, ordonnances Royaux & arreſts de la Cour.

Quand aux ſaincts decrets, faute d'en trouuer aucuns dans le Concile de Baſle, pragmatique Sanction, Concordat ny autres ſemblables, qui preſcriuent aucune regle és matieres de diſſolution de mariage, pour cauſe de pretenduë froideur & impuiſſance: la France ha touſiours ſuiui &

pris pour fondement le canon : *Si quis acceperit* tiré d'vn Concile de l'Eglise Gallicane tenu à Compiegne, en y adioignant le canon *requisiuisti*, extraict d'vne Epistre du Pape S. Gregoire 33. *quest*. I.

Et ce qui fait paroistre que lesdits deux Canons sont les deux regles fondamentales, sur lesquelles toutes les Cours & officialitez de ce Royaume ont accoustumé de dresser l'instruction des procez intentez sur ce subiect, est que les sentences qui interuiennent sur iceux, ne contiennent autre chose, que le texte desdits Canons suiui de mot à mot, & reduit à present en commun formulaire.

Or comme tout procés presuppose vne procedure, c'est à dire vn ordre en l'instruction d'iceluy, par les preuues destinees au subiect qui s'offre à decider : Pour ce que selon le dire de l'Empereur Leon le Philosophe, où la iustice n'a esté conioincte auec l'ordre, bien qu'en verité n'y ayt point eu d'erreur au iugement, le droict toutesfois ne se peut dire y auoir trouué place. ὅταν τάξις καὶ δικαιοσύνη ἥρμοσται καὶ ἐξ ἀμφοῖν περαιωθῇ ἡ ἀλήθεια, δικαίως λέγεται τὸ δίκαιον ἀποδοθῆναι, ὅταν δὲ χωρὶς τάξεως, καὶ τῆς ἀληθείας ἐπιτύχῃ, οὐ δικαίως τὸ δίκαιον λέγεται ἀποδοθῆναι.

Aussi ledit canon, *si quis acceperit*, porte que si la femme se plaint de la pretenduë impuissance de son mary, & que luy soustienne le contraire, *in veritate viri consistat*. Ce qui semble induire que le mary qui pour preuue de sa puissance & de la copule interuenuë entre luy & sa femme, demande qu'elle soit visitee, ou qu'à faute de ce, on s'en rapporte à luy, ne puisse sans abus en estre debouté.

Du moins si on refuse de luy bailler tel aduantage, quoy qu'à cause de son authorité les droicts le luy deferent. Le Canon *requisiuisti* ordonne, *vt vterque septima manu propinquorum probet*, Ce qui est de S. Gregoire Pape premier du nom, qui florissoit l'an 590. & suiuant laquelle forme de preuue on interprete le 55. chapitre de l'ordonnance ou Capitulaire de Charlemagne qui regnoit l'an 770. rapporté en l'Epistre 48. de Fulbert qui viuoit y ha pres de six cens ans enuiron l'an 100. ledit Capitulaire en ces mots, *Si dixerit mulier de viro, quòd non possit coïre cum ea, si potest probare per iustum iudicium quod verum sit, accipiat alium &c. per iu-*

dicium. i. per ſeptimam manum, ou preuue equipollente.

Tellement que ſi le mary argué d'impuiſſance, ha voulu & s'eſt ſoubmis a prouuer *per ſeptimam manum propinquorum ſponſæ*, la cohabitation qu'il pretend auoir euë auec elle, & n'y ayt eſté reçeu, cela emporte contrauention, & aux SS. decrets & aux ordonnances Royaux. conſequemmēt abus.

Ou bien ſi on ſuppoſe telles formes eſtre abolies auec les purgations vulgaires & canoniques: puis que touſiours vn proces ne ſe peut iuger ſans preuues, au pis aller conuient-il ſuiure celles qui ſe trouuent ſubrogees en leur lieu par le commun vſage de France, & tirees de la gloſe du chap. t. ë. *de frigid. & malef.* qui ſont la viſite & le cōgrés.

Autrement y auroit non ſeulement contrauention aux SS. decrets & ordonnances Royaux, ains auſſi aux Arreſts de la Cour qui en font partie. *Nemo enim ambigit*, dit le Iuriſconſulte, *Senatum ius facere poſſe.* Principalement és cauſes de l'eſtat matrimonial, *quia ſententia ſuper ſtatu ius facit quoad omnes l. ingenuum. ff. de ſtat. hominum.*

Or par tout les Arreſts donnez ſur cauſes matrimoniales, la Cour ha gardé la formalité desdites preuues de visite & congrez, subrogees au lieu de celles introduites par ledit Concile de l'Eglise Gallicane & Capitulaire ou ordonnance de Charlemagne: Et biẽ qu'on vueille dire cela n'estre qu'vn style de la Cour, si faut-il tenir pour maxime indubitable & asseuree, qu'vn style de Cour mesmement souueraine, vaut d'ordonnãce & de coustume expresse, comme le decide Gui Pape en sa Preface & en sa question 119. 198. 292. *per l. generaliter. §. in omnibus C. de rebus cred. l. Si quoniam in f. C. de iniur. §. f. institut. de satisdat. D. D. l. more maiorum. ff. de iurisdict. l. iubemus C. de iudic.*

Aussi voyons nous vne infinité d'actes reprouuez par nos loix, non pour autre raison, sinon qu'ils ont esté faicts *contra solitum morem iudiciorum: authent. offeratur. de litiscõt. l. 1. C. de seruitut. l. possessione C. de probat l. ad litem. ff. de in litem dando Tut. l. cum more C. qui bonis cedere possunt*, & mille decisions dans le droict fondees seulement sur ceste clause, *hoc iure vtimur*, ce qui se doit entendre *de iure siue vsu fori.*

Bref le Guy Pape susdict traictant ceste question de propos deliberé *decis. 292. an sententia lata contra stylum curiæ sit nulla*, respond qu'ouy, *quia stylus Curiæ præualet etiam consuetudini*: qui luy eust demandé si elle est abusiue, paraduenture eust-il fait sa response de mesme.

Et où on voudroit insister surquoy fondé ce style, veu qu'il ny en ha riẽ par escrit: la repartie est, qu'il se collige de la pluralité des arrests conformes dõnez en telles causes, & que tous les iours les officialitez de France le practiquent ainsi. Or les loix & canons decidẽt qu'il ne faut que deux sentences ou arrests conformes pour induire vn style *l.3.versic.vlt.de episcop. audient. Authent.de defens.ciuit.in f.gloss.margin.§.responsa instit.de iure natur.* Bartole sur la loy, *nam imperator.ff.de legib. can. consuetudo distinct.* 1.

Mais quand il n'y auroit ne canons, ny ordonnances, ny arrests, par lesquels on se peust conduire en iugeant des causes de si grande consequence: si est-ce que tout iuge ha vne extreme obligatiõ, pour le moins doit auoir vne volontaire inclination a rechercher la verité de ce qui est en debat deuant luy. Ne fust-ce pour autre subiect, qu'à faute de ce, venant paraduenture a faire grief, il ne pourroit s'excuser sur ce que dit S. Augustin liure 19. chap. 6. de la cité de

Dieu, *nihil sapienti iudici imputari cùm peccauerit non nocendi voluntate, sed necessitate nesciendi*, consideré qu'en ce cas n'y ha point dignorance necessaire puis qu'a veuë d'œil on s'en peut esclaircir.

De fait que Platon attribuë principalement la solidité des iugemens, que Rhadamante rend là bas, à ce qu'il iuge les personnes a nud, tous voiles ostez, tous masques leuez, & sans auoir l'esprit atteint ne preuenu d'aucunes apparences exterieures, qui luy puissent obscurcir la lumiere de verité, laquelle (dit-il) les iuges d'icy haut ne sçauroient presque voir qu'à trauers d'vne nuë.

Comme sans aller plus loing, ce nuage au fait qui s'offre, est l'opinion anticipee que l'on a prise de longue main, que lés testicules sont les vrays ouuriers de l'acte de la generation, que le Sieur Appellant n'en a point d'apparens, donc qu'il est presomptiuement inhabile à tel œuure, & partãt que sans autre plus ample inquisition, sa cause d'elle mesme se trouue deploree. Qui est neantmoins vne cõclusion absurde, pource qu'à croire Philon le Iuif en son liure ὅτι ἀμετάβλητος ὁ θεός. & Tertullian au liure *de anima*, n'y a rien qui deçoiue tant le iuge-

humain, que ces pre-iugez qui n'ont aucun fondement que le ſens commun du vulgaire. *Verſat nos & præcipitat traditus per mentes error, alieniſque perimus exemplis, ſanabimur*, dit Seneque, *ſi ſeparemur à cœtu.*

Auſſi eſt-il bien-ſeant & conuenable, que tout ainſi que les aiguilles des horloges, ne ſe remuent iamais auec les ombres, ains demeurent fermes & arreſtees : de meſme les Iuges ne ſe laiſſent emporter aux ombrages des erreurs populaires, ains s'eſtudient à former & confirmer leur iugement par l'exacte recherche du ſecret de la cauſe qui produit vn effect incogneu à leurs yeux.

Car il leur en pourra ſucceder comme à celuy dont parle Rabi Moſche liure premier ch. 1. lequel voyant les eaux du puits de Salomon troubles & profondes, & qu'il n'y auoit pour luy aucũ moyen d'en boire, lia tant de cordes l'vne auec l'autre, qu'en fin il deſcendit iuſques au fonds, puiſa de l'eau tout ſon ſaoul, & en ſortit ioyeux: c'eſt à dire que conioignant par eux toutes les circonſtãces de virilité diſcouruës cy deſſus, pour paruenir au comble de la preuue, ils penetreront iuſques à l'entiere cognoiſſance du ſecret de Nature qui s'offre à eſclaircir. Cõme de vray ſi en choſes moins doubteuſes & ambigues, Hippocrate ordonne en ſes preceptes, que l'on s'enquiere meſmes des plus idiots, ſçauoir s'ils ont rien veu, ouy, ou pratiqué de ſemblable, pourquoy eſt-ce qu'en ceſte cauſe on n'aura recours à l'acte de Nature, qui ſeul en peut bailler la certitude?

Veu meſmes que ſi la defortune de l'Appellant eſt telle, que force luy ſoit de porter la peine du malheur de ſa natiuité, bien qu'il n'en puiſſe mais,

Αὐτὰρ οὔτι μοι αἴτιος ἄλλος,
Ἀλλὰ τοκῆε δύω, τὼ μὴ γείνασθαι ὄφελλον.

pour le moins on ne puiſſe honneſtement refuſer l'oreille à la Toute-mere Nature, Nature qui l'a produit tel qu'il eſt, Nature laquelle il a eſté cõtraint de ſommer en garendie à ceſte extremité, & qui prenant le fait & cauſe pour luy, adiure tous Iuges par les plus eſtroites obligations, dont ils luy ſont tenus, & les ſupplie ſeulement d'vne choſe *ne ignorata damnetur*. C'eſt à dire, que condamnant ledit Sieur de pretenduë impuiſſance, ils manifeſtent à vn chacun comment & par quelle forme de preuue, ils l'en auront trouué atteint & conuaincu.

Pour ce que vray-semblablement vn Iuge a trop plus d'esprit que de penser quand il a vuidé vn procez, qu'il luy suffise de s'en estre acquité selon sa conscience, sans autrement se mettre en peine de ce qu'en dira le monde. Ains au contraire pour le soing qu'il doit tousiours auoir de sa reputation, luy conuient à chasque bout de champ se representer deuant les yeux ce beau refrein d'Homere,

Αἰδέομαι Τρῶας καὶ Τρῳάδας ἑλκεσιπέπλους,

& sur ceste apprehension, rendre l'equité de son iugement si palpable & visible, que les plus ignorãs la puissent conceuoir. *Tãta debet esse plenitudo iustitiæ eius, vt emanet ab animo in habitũ, & eructet ab interiori in superficiẽ, nullus enim sibi soli cõsciẽtiam iustitiæ suæ debet.*

Ains plustost selon le dire de S. Cyprian, ceux-là sont dignes de double louange, qui sçachans deuoir l'interieur à Dieu, & l'exterieur à leur prochain, temperent si dextrement ces deux extremitez, que comme ils tiennent compte à Dieu de leur conscience, ainsi cõseruent-ils à leur prochain la bonne opinion qu'il desire auoir d'eux pour luy oster tout subiect de murmure.

Et n'en faut point rechercher vn plus memorable exemple que celuy des Atheniens au proces d'vn ſacrilege d'vn habitãt de Megare, rapporté par Lyſias en l'oraiſon ὑπὲρ καλλίου ἱεροσυλ. Car comme tout le peuple reputant en ſon ame ce mal-faicteur aſſez pre-iugé & condamné par les Dieux qu'il auoit offenſez, eſtimaſt que ſans autre forme ne figure de proces, ne reſtoit plus qu'à le faire mourir. Zacorus fils de Diocles ſouſtint le contraire, & que du moins pour leur deſcharge enuers le monde, le failloit condamner, ſauf à eux retournans en leurs maiſons apres la veuë de l'execution, de ſ'imaginer que les Dieux là haut au ciel, euſſent prononcé contre luy tel arreſt, qu'ils eſtimeroient le plus atroce & plus digne de ſon forfait.

Enquoy ce ſage Athenien ſemble auoir bien recogneu, que comme les peres de famille qui nourriſſent des exaims d'abeilles, tiennent que ceux qui reſonnent le plus & meinent plus grand bruit, ſont touſiours les meilleurs. Ainſi que des ſentences & iugemens, ceux-là ſont les moins reprehenſibles, qui non contens de l'interieur, manifeſtẽt leur equité tranſparante au dehors, &

pour parler auec Yuon Euesque de Chartres epistre 242. qui ressemblent à ces animaux d'Ezechiel tous couuerts d'yeux pardeuant & derriere, sur les aisles desquels est porté le chariot du soleil de iustice.

Car pour ne mettre en ligne de compte, que par ce moyen toutes suspicions sinistres sont euitees, le iuge ha cela de par sus qu'il en ressent au cœur plus de contentement. Pource qu'ainsi que nous apprenons de Philon le Iuif, ce n'est en vain que l'escriture saincte nous represente la Dalmatique du grand Pontife toute blanche ou de couleur vniforme, & la robe de Ioseph (soubs lequel nous est figuré le Magistrat Politique) peincte & bigarree de diuerses couleurs.

Ains au contraire par cela nous est-il demonstré, que comme les causes où il va de la foy & de la religion se determinent vniformement, ϗ ταῦτα περὶ ταυτῶν, attendu que la verité est tousiours pure, simple & non subiecte à variation. Ainsi les affaires du monde sont diuersifiees par vn Chaos de tant de circonstances, & palliees de tant d'illusions, que le Magistrat Politique doit en les iugeant, y apporter outre ce qui est de sa conscience, l'exterieur des formes ordinaires, qui luy puissent seruir de descharge, au cas que l'euenement ne se soit trouué correspondre à son intention.

Et où cela maintenant est-il plus necessaire qu'és causes matrimoniales, veu les grãs abus qui s'y sont commis depuis quelques reuolutions d'annees?

Fœcunda culpæ sæcula, nuptias
Primum inquinauère, & genus & domos,
Hoc fonte deriuata clades
In patriam populumque fluxit.

Qui est le subiet pour lequel sans doute les constitutions canoniques requierent vne preuue toute pleine & toute entiere de l'impuissance pretenduë, pour euiter à ce que les conioints soit par collusiõ reciproque, ou par quelques riottes & querelles (comme telles espines accompaignent ordinairement les roses du mariage) ne prennent occasion d'introduire vn diuorce en l'Eglise contre la prohibition expresse de nostre Seigneur, & contre ce qu'en a decidé la loy de l'Euangile.

Or quelle preuue peut on rechercher plus certaine & moins subiecte à debat, que la visite & le congrez, par lesquels le Iuge se deſchargeant enuers Dieu & les hommes, reiette l'euenemeut de la cauſe ſur la conſcience des deux conioints? Et encores au fait qui ſ'offre, quel inconuenient peut on trouuer en telle eſpreuue, veu que le mariage dure iuſques à ce qu'il ſoit effectuellement diſſouls, & que l'intimee a recogneu ce que d'ailleurs elle ſçauoit en ſon ame ne pouuoit denier, que l'Appellāt a eu ſa compaignie,

Dudumque eſt primos Hymenæi experta labores?

Mais ce qui vous doit d'auātage eſmouuoir à ordonner ledit congrez, eſt que ſelō le dire de Plutarque, n'y a ſi grand debat entre mary & femme; qui ne ſe r'appaiſe par les esbats du lict. Et pour ceſte cauſe l'Homerique Iunon ayāt eu aduis au 14. de l'Iliade, que le pere Ocean & ſa femme Tethys eſtoient en mauuais meſnage, elle emprunta le tiſſu de Venus, puis ſ'achemina pardeuers eux iuſques aux extremitez de la terre, eſtimant que ſi elle pouuoit les attraire à recoucher enſemble, auſſi toſt ceſſeroit leur noiſe & friuuſcule,

Εἰ κείνω γ' ἐπέεσσι παραιπεπιθοῦσα φίλον κῆρ,
Εἰς εὐνὴν ἀνέσαιμι ὁμωθῆναι φιλότητι,
Αἰεὶ καὶ σφιφίλη καὶ αἰδοίη καλεοίμην.

comme

comme sans doute c'est le vray Philtre de la Deesse Verticorde, c'est le vray moyen de rapprocher deux cœurs alienez, de les renouer, de les reioindre & remettre à leur premier deuoir.

Vt penè extinctum cinerem si sulphure tangas
Flamma redardescet quæ modò nulla fuit,

A ce propos l'Appellant pourroit s'estédre sur le champ de la philosophie morale, & discourir comme le mariage entre les payés mesmes a esté sacre-saint en son entretien, qu'en la Beoce on bruloit le chariot auquel la nouuelle espousee auoit esté conduitte en la maison de son mary, pour demonstrer qu'elle ne le deuoit iamais abandonner, comme à Rome on mespartissoit les cheueux de la nouuelle espousee auec la haste Celibare, pour luy faire entédre que comme elle auoit esté ioincte à la peau du Gladiateur, ainsi deuoir l'espousee perpetuellement adherer au corps de son mary.

Seulement le Sieur Appellant par vn regret du mal-heur de ce siecle, auquel les fémes soubs legers pretextes se diuorcent & soubstrayét ordinairemét d'auec leurs maris, vous representera ceste plainte de Tertullian, *Vbi est illa fœlicitas matrimoniorum de moribus vtique prosperata, qua per sexcentos fermè annos nulla repudium domus scripsit? at nunc in fœminis præ auro nullum est leue membrũ. præ vino nullum est liberum osculum, repudium verò quasi votum est, & matrimonÿ fructus.*

Chose de tres-pernicieuse consequence tant pour le public que particulier, & à laquelle par vostre discretion vous sçaurez trop mieux donner ordre, de peur que l'issuë n'en retombe au scandale de l'Eglise, & au mespris de ce Sacrement ineffable, par qui tout l'Vniuers de siecle en siecle subsiste en son entier, & durera tant que les Iuges se proposeront deuant les yeux à telles occurrences, qu'il ne leur appartient de dissoudre vn lien que Dieu a conioint auec tant de solennitez & benedictions.

Partant conclura ledit Sieur Appellant auec ces vers du tragicque Seneque,

Amor iugalis vincit ac flectit retrò,
Remeemus illuc vnde non decuit prius
Abire, sed nunc casta repetatur fides,
Nam sera nunquam est ad bonos mores via,
Quam penitet peccasse, pæne est innocens.

FIN.

AV LECTEVR.

I vn nouueau ſubiect & rare en la Nature,
Au champ de ce diſcours a ſeruy d'argument.
Cela m'eſt aduenu d'vn contre mouuement,
Et non tant par deſſein que par cas d'aduenture:

Donc quiconque ſois tu, qui en feras lecture,
Vueilles interpreter cet eſcrit ſainement,
Et admires de Dieu le ſecret iugement,
En la forme qu'il donne à chaſque creature.

Ie n'ay rien deſiré fors que d'auoir tant d'heur,
Que d'y pouuoir garder les loix de la pudeur,
Cõme eſtant le vermeil, qui mieux ſied à mõ âge:

Sur tout ay-ie tendu (& non peut eſtre en vain)
A monſtrer qu'il ne faut d'vne legere main
Diſſoudre le lien du ſacré mariage.

AD LECTOREM.

HÆC si scripta putes parùm seuerè,
Frustrà te mihi præbeas seuerum;
Nam quis schemate nî Thalassionis
Inumbrare queat Thalassionem?
Ergo quamlibet obstrepente Momo,
Fas sit porrigier manu pudicâ,
Quod solum datur auribus pudicis.

VÆSTIO *valde quidē ardua, nobis à te proposita est* (Rossete *eruditissime*) An nullis in scroto pendulis testiculis fœcundus vir & matrimonij capax habendus sit?

Quæstionis huius explicationi altera præponenda est. An fœcunditas virilis, testium tota propria sit: vel viscerum etiam aliorum communis? *Cùm enim generationis duo sint principia: materiale vnum, id est menstruū: alterum efficiens, semen: illud quidem à fœmina, hoc à mare potissimum confertur. Seminis quoque materia duplex: sanguinea vna, & spirituosa altera, à vasis deferentibus vocatis. Vena & arteria ad parastatas primùm exportatur, vbi multiplici vasorum istorum amphractu & anastomosi exquisitè permixta excoctáque ad epidymida testiculo proximè inhærentem elaboranda transfertur: vnde ad prostatas vesiculas ceruici vesicæ adnexas perficienda seruandáque reconditur, donec pene benè rigido tensóque & meatu dehiscente vrinario, per libidinis & coïtus impetum caloris vi & spirituum in locellos muliebres inferatur.*

Est igitur seminis inchoatio parastatarum, perfectio prostatarum, & elaboratio testium, qua materiale est fœcundam autem & vegetatricem facultatem suam aliunde à spiritibus paternis, animalibus, vitalibus, naturalibus, singularum corporis partium idola & species gerentibus suscipit, in quo idcirco omnes potestate & indefinite continentur, vt caput, manus, brachia, &c.

Itaque incolumibus sanisque testibus, ex cuiuslibet principis partis vitio sterilitas oboritur. Sicuti iisdem visceribus omnibus saluis & integris, solisque testibus, frigore, attritu, tumore, vulnere, vitiatis: eadem profertur.

Testium enim sanitas non similaris tantum, sed organica etiam est: vt illi scilicet non temperati tantùm ad iustitiam: sed aptè quoque constituti sint, decenti scilicet magnitudine, figura, numero, sitúque.

Atque hinc, prima illa quæstio orta est. An si nulli foris in scroto pendeant testiculi sterilitas verè affirmari possit? *Cuius quæstionis negatio non omnino improbabilis sit: cum internorum eadem atq; externorum facultas & præstantia sit. Vtrumque enim caloris natiui robur functionúmque omnium constantia & accidentium habitus à mulieribus discrimen, nempe iudicium constans, motus partium firmiores, respiratio & pulsatio maior, ampliora vasa, durior magisque scaber habitus, vox grauior, barba densa, capilli craßi crispique, pectoris hirsuties hypogastrij & femorum. Quæ omnia dißimillima sunt, tum mulieribus (vt dictum est) tum viris etiam errore naturæ, aut hominũ arte, in pueritia aut adolescentia emasculatis.*

Tentiginem & seminis profusionem tanquam perfectæ virilitatis indicem libenter omittimus. Illa enim tentigo mentulæ tota propria est, non testium communis, totáque naturalis, dum incitante libidine & coitus desiderio, spiritibus affatim è toto corpore, per venulas & arteriolas numerosißimas affluentibus, spongiosa eius ligamenta implentur, inflantúrque & extenduntur: hiante interim meatu seminali per quem ex compressis prostatis semen exprimitur (quod epilepticis conuulsis aliquando accidit.)

Seminis quoque profusio ex vasis spermaticis, si integra sint & prostatis accidere potest sine testibus vllis, non fœcũdi tamen, sed imperfecti & seminalis cuiusdam materiæ qualis per effrænem concubitum emitti solet: subsequente paulo post sanguine inanitis prius omnino vasis varicosis. Inde quoque quosdam libinosos valde fuisse, multóque eiusmodi semine eorundem prostatas turgidas sine vllis tamen testibus, à natura negatis, nobis est compertum. Quibus tamen in pueritia aut adolescentia execti sunt; illi quidem arrigunt, sed serum quoddam tantum profundunt, incisis simul cum testibus vasis spermaticis. Hinc apud Turcas haud ita pridem inoleuit mos, eunuchorum penem cum suis testiculis radicitus abscindendi.

Ista vero omnia caloris præpotentis iudicia in quocunque adfuerint sine pendulis in scroto testiculis, in eodem testes internos latere valde credibile est. An tamen eiam fœcundos eiusce caloris auctores & prolificos non immĕritò dubitetur. Non quod minus dilatentur spermatica vasa, detracto testium pondere: sicque seminis eiaculatio præpediatur: cum idipsum è parastatis primùm & ex vasis ipsis posterius per coitum multiplicatum defluat: eorundem potius astrictione iuuante, quàm dilatatione. Sed ob intemperiem frigidam potius, quæ eorum impulsum foras prohibuerit, & intemperiei comitem exiguitatem, tactu imperceptibilem: maximè vero cum efferuescẽte adolescentia & libidine vrente, foras non prouoluti sunt sicuti plerisque virginibus olim ea ætate accidisse legitur, quæ ex fœminis in viros abierunt. Sed suspicio tamen hæc dilui etiam fortasse non ineptè poßit: quod imbecillus internorum testiũ calor vicinia viscerum roboretur sicuti externorum vnctione calida fieri solet: quotque præ granditate, ex adstricta nimis angustáque peritonei deductione, à valido etiam *calore deturbari foras non potuerit : cum eadem laxiori vt in ciuitatibus & regionibus pluuiosis intestinum etiam ipsum & omentium in scrotum deuoluantur. Fortasse etiã cremasterum breuitas eosdem ab exitu cohibet, vt ex hoc internorum testiculorum situ frigiditatis eorumdem coniectura, indéque sterilitatis opinio dubia valde incertáq; fit.*

Habes (eruditißime Rossete) nostram de quæstione tua sententiam, scilicet : Testiculorum in scroto priuationem, suspectæ quidem fœcunditatis : sed tamen non omnino desperatæ signum esse, etiam si testes, quos suspicamur, intus latere pergãt, neque vllis naturæ & ætatis & coitus virilibus aut artis præsidiis, in scrotũ deinceps euocentur: maxime cum fœcunditatis exempla in quibusdam suppetant, in quibus tractabiles in scroto testes nunquam fuerint. Monspelij idibus Octobris 1600.

I. HVCHER, Chancelier de l'Vniuersité de Montpellier.

DE SAPORTA.

BLEZINVS SCHYRONIVS, Decanus scholæ prædictæ.

PRADILLHAEVS VARANDAS.

PROTOMAN.

B. CABROL.

Et seellé sur simple queuë en cire rouge.

www.ingramcontent.com/pod-product-compliance
Lightning Source LLC
LaVergne TN
LVHW012004220826
846092LV00001B/237

* 9 7 8 2 3 2 9 7 9 4 8 9 1 *